丛书编委会

总　策　划： 来新国　王文成

编委会主任： 郭齐勇　周晓亮

编　　　委： 来新国　陈知涯　张　彧　尹格韬　沈　众

王文成　孟淑贤　周长志　罗养毅　秦　丹

乌　琛

大家精要

中江兆民

唐永亮 著

陕西师范大学出版总社

图书代号 SK16N1016

图书在版编目（CIP）数据

中江兆民/唐永亮著. —西安：陕西师范大学出版总社有限公司，2017.1（2024.1重印）

（大家精要）

ISBN 978-7-5613-8745-0

Ⅰ.①中… Ⅱ.①唐… Ⅲ.①中江兆民（1847—1901）—传记 Ⅳ.①K833.135.1

中国版本图书馆CIP数据核字（2016）第272593号

中江兆民　ZHONGJIANG ZHAOMIN

唐永亮　著

责任编辑	焦　凌	
责任校对	王雅琨	
特约编辑	杨　琳	
封面设计	张潇伊	
出版发行	陕西师范大学出版总社	
	（西安市长安南路199号　邮编710062）	
网　　址	http://www.snupg.com	
印　　制	永清县晔盛亚胶印有限公司	
开　　本	650 mm×930 mm　1/16	
印　　张	10	
字　　数	100千	
版　　次	2017年1月第1版	
印　　次	2024年1月第2次印刷	
书　　号	ISBN 978-7-5613-8745-0	
定　　价	45.00元	

读者购书、书店添货或发现印刷装订问题，请与本公司销售部联系、调换。

电话：（029）85303879　　传真：（029）85307864　85303629

目　录

引　言

　　明治时期是日本历史上一个极为重要的发展阶段。这一时期日本主要面临着两大课题：其一，摄取西欧近代文明；其二，建设近代国家。这两个课题归根结底如同手的两面是相互依存、不可分离的关系。然而，在具体如何接受西欧文化和建设近代国家的问题上，日本国内的意见并不统一。这个时期欧化主义与反欧化主义交相辉映，启蒙思想家、国粹主义者、自由民权思想家纷纷粉墨登场，著书立说，真可谓日本的"文艺复兴"时代。中江兆民是那一时期占有重要地位的思想家、评论家，他的思想和言行对日本近代国家建设和国民心理产生了巨大而深远的影响。20 世纪 80 年代以来，无论是中国学者，还是日本学者都在重读中江兆民的作品，希望从他睿智的思想中汲取营养，获得启迪。

　　中江兆民（1847~1901），原名中江笃介，曾任东京外国语学校校长，元老院书记官，但不久辞职，他一生虽然只经历了五十几个春秋，却作为日本近代史上一次规模巨大的民主运动——自由民权运动的理论家而闻名于世，被誉为"东洋的卢梭"。从 1881 年中江兆民担任《东洋自由新闻》的主笔以来，他先后以《自由新闻》《东云新闻》《政论》为中心，长期置身于社会舆论界的最前沿，他那犀利的评论和睿智的思想深深地影响了那个时代追求民主与自由的热血青年。他留下了数目庞大的著述，不仅在当时，而且对后世也产生了深远的影响，是一笔宝贵的精神财富。

中江兆民是明治时期有名的奇人。在 1899 年出版的《文士政客风云录》中是这样描述兆民的："一副平淡无奇的面孔，一脸青春痘的疤痕，俨然如市井平民一样。然而，他性情奇矫不羁如同傻子一般，但才气俊敏，精通洋学汉学，文章盖世。他的政治文学评论，笔锋怪奇峻峭，有刺肉透骨的气概。"

在日本，中江兆民研究到"二战"后才迎来高潮期。在此之前，第一本评述中江兆民言行的专著是在中江兆民去世后不久，由岩崎徂堂编写的《中江兆民奇行谈》。作者在这本书的序言中指出：明治维新前后，欧美文明的"新空气"飘过太平洋传入日本，使日本全国上下一片欧化之风。固然文明的输入是可喜的事情，但是它也使国人机械地追求潮流，丝毫不顾它的内容。只重形式，而不知保养实力。遇事只图利己，眼中根本没有社会，也没有国家。社会上"伪君子""伪学者""伪政治家"嚣张跋扈，正义公德日益消减。而中江兆民毅然高举正义公道的大旗。他是明治时代的"一位奇才"，他精通法兰西学，饱览汉学，以天马行空的文章，鼓吹自由、博爱和平等。他以滑稽、诙谐、热骂、冷嘲的言论打击守旧专制阶级的保守思想，"破坏"也是中江兆民的一大功绩。该书挖掘了中江兆民一生中的一系列"奇行"，试图突显这些奇行的意义和其中隐含的真理，使它成为鞭策后人的"良药"。中江兆民的学仆、著名的社会主义者幸德秋水也著有《兆民先生》一书。这本书站在学生的视角，评述了中江兆民作为议员、商人、文士、革命者的一生。尽管书中多少掺杂了一些作者的主观感情，但是由于该书所记述的大部分内容都是作者本人的亲身经历，所以仍然是研究中江兆民思想不可多得的珍贵资料。

"二战"后，日本走上了盟军总司令部监管的民主化道路，对于民主、自由、平等理念的研究逐渐发展起来。中江兆民的思想也日益受到日本学界的关注。1949 年，著名的东方史学者小岛祐马写的《中江兆民》一书由弘文堂出版。这本书可以说是继幸德秋水的《兆民先生》之后，第一本真正的中江兆民传记。小岛在书中指出：中江兆民是"明治民权运动的理论指导者。中江兆民的一生始终站在自由、平等、友爱的思想原理上宣扬民权，打倒日本专制政治的牙城藩阀政府"。中江兆民就如同中国三国时代的祢衡，不屈服权威，追求真理，旷达不羁，敢于直言正论。

二十世纪五六十年代，伴随着对自由民权运动研究的开展，日本的中江兆民研究也取得了一系列成果。土方和雄的《中江兆民》、山口光朔的《异端的源流——中江兆民的思想和行动》将中江兆民评价为民权运动的理论指导者、卓越的民主主义者。但是，对于中江兆民后期向国权主义倾斜的问题在这两本书中并没有作详细分析和评价。在京都大学人文科学研究所的共同研究成果《中江兆民研究》一书中，桑原武夫对中江兆民的评价为：他是日本过渡时期的思想家代表，在他身上体现了东洋传统要素与从西洋接受的近代性要素的并存。纵观中江兆民的一生，他的思想和行动并不是一成不变的，而是既有民主主义者的一面，又有民族主义者的一面。松永昌三在《中江兆民》《中江兆民的思想》和《中江兆民评传》等书中对中江兆民也作了深入的研究，他认为中江兆民在明治时代的思想家中虽然不像福泽谕吉那样家喻户晓，但其重要程度却不亚于福泽谕吉。

中国在 20 世纪初期由一些进步青年将中江兆民翻译的《民约译解》引入，在社会上广为流传。邹容、黄兴等人都读过这本书。但直至中国改革开放，学术意义上的中江兆民研究还没有完全开展起来。1979 年，吴藻溪将中江兆民的《一年有半》《续一年有半》翻译成中文，在中国学界掀起了研究中江兆民哲学思想的高潮。进入 20 世纪 90 年代后，中国对于中江兆民的研究才进一步扩展开来，毕小辉、王家骅、朱谦之、郑匡民、刘岳兵、唐永亮等学者围绕着中江兆民的哲学思想、政治思想、外交思想展开了全面的研究。

本书将参考上述中日学者的研究成果，较为系统且通俗易懂地介绍中江兆民坎坷的一生，分析中江兆民深刻的思想，力图为中国读者展现出一幅生动的中江兆民的画像。

第 1 章

年少一心修学问，遍访名师入法门
——年少时代的中江兆民

1847 年，中江兆民生于土佐国（今高知县）高知城下。小时候的名字叫竹马，后来改名叫笃助（笃为竹马的叠写，助则是承袭了父亲中江元助名字中的一个字）、笃介，号秋水（后来这个号被转赠给了幸德秋水）、青陵、南海仙渔、木强生、火番翁等，后来专门用"兆民"这个号。家庭教育的熏陶和土生土长的故乡土佐高知的人文底蕴，对兆民少年时代的世界观和价值观的形成产生了重要影响。

一、喜文弄墨顽童趣，土佐传统育英才

兆民出生在一个下级士族的家庭。据土佐藩制作的户籍册中记载，中江家的祖先可以追溯到兆民的曾祖父中江传作。中江传作根据宽政九年（1797）颁布的布告《新足轻招募之事》被招募为新足轻。所谓足轻就是轻装步兵，在近世以后属于最下层的武士。后来传作被火炮队队长看中，升为炮术指导官，并允许称姓。幕府时代的炮术家都是一些开明的人士和精英，

所以桑原武夫认为兆民身上也遗传了祖先的优秀素质。

中江兆民的家庭环境

中江传作之子中江克次于文政六年（1823）被召为他支配足轻。他支配足轻就是从足轻头目中选拔出来被派往其他管辖地的武士，后来这个身份被他的儿子中江元助继承下来。中江元助就是兆民的父亲，他特别注重兆民幼时的教育。据《中江笃介氏的幼时》记载：兆民 3 岁左右就已经可以写字了，到了 5 岁左右可以读出一般匾额上的文字。兆民天性喜文弄墨，不愿和同龄的孩子玩耍，终日以笔墨为伴，花了家里不少钱。对此，中江元助不但不生气，反而非常欢喜，很少过问笔墨花销的事情。兆民极为好学，在夏天暑热难当的时候，为驱除睡魔的他用绳子绑个筐将自己放到井里去读书。

兆民幼年虽然性格极其温顺淳厚，但也有侠肝义胆的一面。他是家中的长子，还有一个弟弟。据幸德秋水讲，当兆民的弟弟在外面被其他孩子欺负追赶哭哭啼啼地跑回家时，兆民会火冒三丈挺身而出为弟弟出头。即使是别人家的孩子以强凌弱被他看到时，他也会挺身而出，甚至常常发生误伤其他孩子的事情。正因如此，从兆民十二三岁起，父亲就在他佩带的小刀上绑了根绳子，使他不能轻易地把刀拔出来。

兆民 15 岁时父亲去世，这件事对他一生影响很大。中江家的生活重担都落在了他的母亲柳一人身上。柳出生在一个下级士族家庭，是土佐藩青木银七的二女儿。柳含辛茹苦地把兆民兄弟二人抚养成人。正如桑原武夫所说，这样的家庭有母亲的慈爱，父亲的威严却不足。没有太多感受生活的艰苦，兆民在比较自由的气氛中形成了他幼时的梦想。这大概也是他亲近卢梭主义的重要原因吧。

充满进步色彩的土佐传统

中江兆民的出生地土佐藩是明治维新的有功之藩，孕育出了诸如坂本龙马、板垣退助、植木枝盛、幸德秋水等一大批明治时期的进步人物。这里也是在野民权运动的中心阵地，为激进的反政府民权运动的展开提供了成长的沃土。和辻哲郎的风土论认为，地理环境是国民性格形成的重要因素，这一观点是正确的。土佐藩的平原地区因为光照充足，农作物产量很高；占土佐藩面积80%的山区盛产木材，造纸业很兴盛；这里临海，海产品特别是鲣鱼和鲸产量丰富；交通便利，与当时日本的经济中心大阪海路相通。发达的经济、开阔的视野使土佐人形成了重商主义和容易接受外来事物的传统。从政治传统上讲，土佐的乡士自古以来就有较为强烈的对民众的责任感。战国时代，长宗我部氏统治土佐时，出现了在农村中居住，从事农耕，有战事的时候则率领农民出战的半农半兵的屯田武士组织。尔后长宗我部氏在"关原之战"（1600）中失败，为山内一丰取而代之。但是，这些屯田武士不屑于侍奉山内一丰。为此，土佐家老野中兼山非常忧虑，加之考虑到土佐藩日益严重的财政压力，正保九年（1644），他确立并采用了百人众乡士制度。所谓百人众是开垦香美郡野市荒地的原来半农半兵的屯田武士，这些人又被称为"野市乡士"。因为他们经济富裕，而且有知识素养，成了农村的首领。他们与高知城内的武士相对立，逐渐形成了护民官的意识与对人民的责任感。这成为土佐勤王党与自由民权运动相联系的深层因素之一。从文化传统上看，土佐具有开明的文化氛围，产生了吉田东洋、坂本龙马等一批具有资产阶级改良思想的进步人士。吉田东洋起用后藤象二郎、福冈孝义、板垣退助等人实施藩政改革，改革的重点是身份等级的简约化、人才登用、重视教育、加强海防和实施民兵制。但是，这种具有进步色彩的改革引起了以武市半平太为中心的土佐勤王党的不满，文久二年（1862），他们将吉田东洋暗杀。由此，土佐藩内部形成了以守旧的上层门阀构成的佐幕攘夷派、以开明的中上层人士构成的佐幕开国派和以下级士族为主体的尊王攘夷派三派并存的鼎立局面。这种动荡的社会状况与激烈对立的政治观，对年幼的兆民到底产生了多大影响，因为没有充分的资料不能妄加猜想。但是至少有一点是清楚的，不同政治观、世界观间的对立使兆民对政治的复杂性有了一个模糊的认识。

总之，无论是家族熏陶，还是生存环境的政治文化氛围，只是作为一种无形的因素潜移默化地、零散地以一种模糊的价值取向影响着兆民的价值观的形成。而教育则不同，系统成型的知识体系对兆民的价值观的形成产生了全面影响。

藩校文武馆的读书生活

中江兆民于文久二年入藩校文武馆开始系统地学习文化知识，文武馆浓厚的南学风气、系统的儒学和洋学课程使为学三年的兆民颇有所得，为兆民未来的人生之路打下了扎实的知识基础。

土佐南学派以室町末期的儒者南村梅轩为开山鼻祖。到江户时期经净土真宗的僧人谷时中之手得以迅速发展。谷时中门人众多，主要有野中兼山、小仓三省和山崎闇斋等。兼山和三省曾担任土佐藩执政，主持藩内政务。后来三省死去，兼山下台，南学随之陷入了低谷。直到跟随山崎闇斋到京都讲学、受闇斋朱子学和垂家神道影响的弟子谷秦山当上了土佐藩的儒官，南学才再度兴起。秦山在多个领域都有所造诣，受到他的影响，门人们不仅在南学、史学、国学、天文学和历学等多个学问领域表现不俗，还积极参政，参加了幕府末期土佐的藩政和勤王运动。可见，南学派到山崎闇斋时是一个转折点，山崎闇斋学派是幕府末期在土佐藩影响极大的南学流派。这个学派的主要政治思想是"敬义内外论"。就如市川本太郎所说，闇斋学派是以"敬"为修养自己，以"义"方正外界为道德大方针的一个学术流派。闇斋学派围绕着神道分别衍生了普遍主义（以江户的浅见䌹斋为中心）和特殊主义（以土佐的谷秦山为中心）两个流派。普遍主义一派主张纯儒教与纯神道是相通的，内容上是妙契的，它们合流于同一个真理。而特殊主义一派则基于闇斋的"如果孔孟来攻日本的话，捕虏孔孟也是孔孟之道"的思想，主张日本人不应该盲从外来理论，应该保持日本的主体性，以日本为主，以异国为客，走自己的道路。

南学传统也渗入土佐的学校教育之中。伴随着日本全国范围内藩校的设置浪潮，为了提高土佐藩士的文化水平，以配合藩政府实行的适应商业资本发展的文治政治，宝历九年（1759），土佐藩主山内丰敷决定开设藩校教授馆。学校中主要讲授经书和史书，上课教师中南学派学者居多。然而，随着下级武士学问的提高，教授馆所教知识逐渐落后于时代；加之藩内家老重臣们对学校不重视，教授馆的地位逐渐下降，最后被废止。但是，土佐藩注重朱子学与阳明学的教育传统却没有消失殆尽，为文久二年开设的文武馆所继承。

设立文武馆是吉田东洋藩政改革的重要一环。尽管他在文武馆开馆后不久被保守派所暗杀，但是他大力提倡的文武并举的教育思想依然得以实行。这一点体现在该校校训的"觉"字项里：（1）文武如车的两轮，不可偏废。（2）学问不能违背五伦之道，应该服膺皇朝的国体，依从圣贤之教，修身齐家乃是修行的要点。武道是武士的职分，应常交流心得，研究武技。（3）文武之教都应遵守师徒之道，在教学中应体现信义二字。无论是文道还是武道都应不计名利，以踏实的修行为旨要。

（4）起居进退，应严格遵守文士和武士的礼仪，勤守礼让。其中值得注意的是，"服膺皇朝的国体"和文武并重的思想为后来土佐志士提倡"尊王攘夷论"埋下了伏笔。

学校将文馆教育和武校教育分开进行。文馆主要教授经学、史学、国学、书学、蕃书、句读、兵学等。其中经学的科目主要有"四书""五经"《家语》《说苑》《管子》《孙吴》《淮南子》《近思录》《传习录》《大学衍义》《老子》《庄子》《韩非子》《贾谊新书》《名臣言行录》等，依据年龄进行教授。史学主要开设《国史略》《日本外史》《日本政记》《十八史略》《元明史略》《贞观政要》《唐书》《宋史新编》《明史》等。其中经学由奥宫慥斋、冈本赖平，史学由松冈时敏、箕浦时万，蕃书由细川润次郎主讲。中江兆民于文久二年进入土佐藩的藩校文武馆学习。据兆民在《兆民居士王学谈》中回忆，当时文武馆采取了循序渐进的授课方针，"第一，小学，第二，《近思录》，第三，'四书''五经'，读完之后，接着读《蒙求》《十八史略》《八家文》，然后读《史记》《左传》等。"

值得一提的是，作为当时的经学教授，奥宫慥斋对兆民有很大影响。在《兆民居士王学谈》中，兆民谈及这段学习经历时指出："奥宫先生是阳明学者，我曾跟他学习过一段时间，经常听他的传习录讲义，也听过他的王阳明全书和靖乱录讲义。"这一时期的学习经历为兆民日后深入研究阳明学打下了坚实的基础。兆民对阳明学评价很高，认为它是将禅学引入儒教，形成禅学之骨、儒学之衣的理论。阳明学是良知之学，是倡导知行合一的所谓活用之学。兆民认为阳明学适合两种人学习：一、阳明学是彻头彻尾的以良知为主的学问，不能用科学来解释，在书生之间传承正合适；二、阳明学克服了禅学缺乏进取之气的缺点，富于活力，充满了进取精神，是适合年轻人学习的学问。

藩校文武馆力主和洋并举，把西洋学术作为一个重要内容引入教学之中。细川润次郎和荻原三圭是文武馆中对兆民产生重要影响的洋学家。

细川润次郎，天宝五年（1834）生于土佐藩的一个儒学世家，从小修习儒学，聪颖好学，与间崎哲马、岩崎马之助、岩崎弥太郎一起被土佐人誉为土佐的四小奇童。细川润次郎于安政元年（1854）赴长崎游学，跟从当时的炮术专家高岛秋帆学习兵学，同时兼修兰学。安政五年，细川润次郎奉藩命赴江户（今东京）游学，进入幕府海军操练所学习航海术，并师从中滨万次郎学习英语。文久元年（1861），他回到土佐，被任命为藩制度改正局御用挂，致力于藩政改革，并参与编撰《海南政典》《海南律令》等书。文久二年，细川润次郎被任命为藩文武馆教授。

荻原三圭是细川润次郎的学生，天宝十一年（1840）生于土佐高知城下，最初跟随细川润次郎学习兰学，后来他赴大阪跟从当时著名的兰学家绪方洪庵修习兰医学。庆应元年（1865），幕府在长崎设立医学校及医院，荻原三圭向土佐藩提出申请前往长崎。在医学校他跟从荷兰人鲍德因（1820~1885）学习医学。明治元年（1868），日本国内出现了留学德国的热潮，荻原三圭又在这一热潮中赴德国柏林大学留学，专攻解剖学。归国后，他曾在京都病院执掌教鞭，先后担任病院院长和医学校的校长等职务。

跟从细川润次郎和荻原三圭学习洋学知识，为兆民认识洋学打开了一个窗口。庆应元年，时年19岁的兆民在细川润次郎的推荐下作为土佐藩留学生，游学长崎。

二、受命游习洋学问，长崎城中得法门

兆民对西洋学问产生了极大兴趣，正如日本学者井田进也所说：尽管兆民接受洋学的时间短，程度恐怕也不深。但是，风靡一时的荷兰文字对少年梦想所带来的清新的气息却是不能无视的。他也因此没有停止学习洋学的脚步。

接受西方文明的窗口——长崎

长崎因为地理位置和历史上的原因，幕府末年时期成为洋学者们云集的中心。长崎是一个天然的优良港口。自1570年葡萄牙人用带来的珍玩征服了长崎领主的心，从而获得许可在这里传播基督教后，基督教在长崎逐渐传播开来，葡日贸易也随之发展起来。但是，随着基督教教徒人数的增加、有实力的大名纷纷改宗，幕府对基督教产生了戒心，对之不断打压，以至于禁教。1636年，幕府在长崎兴建了人工岛——初岛，意图断绝葡萄牙人与日本人的交往，从而达到抑制基督教传播的目的。1637年，在天草四郎时贞率领一帮农民基督教教徒发动"岛原之乱"后，幕府的锁国政策更是渐趋强化。1641年，幕府将长崎区域内的葡萄牙人驱逐出境；其后，将荷兰商馆迁至初岛，直到幕府末期初岛一直是日本唯一的对外贸易和接受西方文明的窗口。1853年7月8日，美国人佩里率领四艘军舰敲开了日本的大门，此后幕府不得已与多国列强签订了通商条约，长崎再次开放。这时的长崎不仅与荷兰，与美国、英国、俄罗斯以及法国间的国际贸易也很兴盛，成了真正意义上的国际都市。经济的发展带来了文化的繁荣，当时的长崎作为一个西欧文明的交流中心，不仅书生模样的留学生很多，而且坂本

龙马等人所组织的海援队也把这里作为活动的根据地。

1854 年，日本真正打开国门以后，与外国人的交往越来越密切，对翻译的需求量也越来越大，长崎遂成为全国外语人才的供给基地。安政五年（1858），荷兰商馆馆员 D. 福格尔、负责海军传习的荷兰教官维埃尔斯和在长崎的英国人弗雷查等人应长崎奉行的要求，作为日本最初的英语国立教育机关英语传习所的最初教师，向长崎的荷兰语翻译以及当地官吏的子弟传授英语。该校几经辗转，于庆应元年（1865）二月迁往位于新町的新校舍，重新命名为济美馆。这时的济美馆修改了教学宗旨，不仅向学生教授英语、法语、德语、俄语、汉语等语种，而且还增设了洋算、历史、地理、物理、经济等学科。学校共有教师十九名，学生百余人。

立志学习法兰西学

兆民于庆应元年十月启程赶赴长崎，到长崎后他并没有学习英学，而是跟从平井义十郎开始学习法兰西学。平井义十郎（1839~1896），通称义十郎，后改称希昌，号东泉，生于一个唐通事（汉语翻译官）的世家。循着父亲平井作一郎的足迹，义十郎也走上了唐通事之路。日本开国后，欧美列强要求日本开放神奈川港以下枢要港湾，扩充海外贸易市场，长崎也在开放之列。随着与外国人来往的频繁和内外交涉的增多，仅以荷兰语和汉语来处理日常事务变得非常困难。幕府顺应时势，要求唐通事不仅要精通荷兰语、汉语，而且要学习英语，命令游龙彦三郎、彭城大次郎、太田源三郎、何礼之助、平井义十郎五人跟随英国船员中的中国人学习英语，从此以后平井义十郎不断被任用提拔。文久三年（1863）七月，平井义十郎被任命为长崎奉行支配定役格（长崎最高长官手下负责调查和审讯工作的官员，位列于支配调役之下），兼任制铁所、运上所（负责关税事务的机关）和济美馆的教员，庆应三年（1867）六月升任首席翻译，负责与外国人的交涉和来往文书的制定与翻译。明治政府诞生后，平井义十郎被任命为长崎法院外务审判长，明治三年（1870）被调到江户，先后在太政官翻译局、外务省、赏勋局等处担任官职，曾随同副岛种臣出访清政府，并曾任外交代办出使美国。他精通汉语、英语、法语，为德川幕府末期英语、法语的普及作出了重大贡献。

兆民为什么改变了原来的求学志向，从英学转向法兰西学呢？对于这个问题，从当时的社会背景和兆民的言行中似乎也能够找到一些蛛丝马迹。

日本当时对法语人才的大量需求是兆民转向法兰西学的重要原因。日本开国后，列强纷纷对幕府展开外交攻势，企图获得更大的利益。当时，在欧美列强当中，对日外交主导权掌握在英国人手中。但是，法国驻日公使罗什的上任改变了英国一枝独秀的状态。罗什对日政策的基调是：形成与幕府的亲善关系，不断提高法国的政治地位；作为幕府的特别客户，要求实现贸易的扩张。为了实现以上目的，罗什任命住在箱馆的天主教传教士卡森为翻译官。卡森是栗本锟的语言学教师，与栗本锟有着非常密切的关系。而栗本锟作为箱馆奉行所的官吏是幕府外交领域的高级官僚，为罗什亲近日本政府创造了条件。另外，英、法、美、荷四国联合舰队炮击下关，使得列强与幕府的关系变得紧张起来。罗什支持幕府，援护德川庆喜，积极斡旋于四国政府与幕府之间，获得了幕府首脑的信任。不仅如此，法国政府还向日本派遣军事教官代表团，帮助日本改革陆军；并应日本寻求军力保障的要求，向日本出售加农炮十六门。在经济方面，在罗什的推动下，庆应元年（1865），法国派遣海军技师贝尔尼协助幕府建立横须贺制铁所。作为交换条件，幕府与罗什达成协议，幕府向法国订购武器、军需品和各种资材，日本的生丝专门出口法国，以解决法国国内绢工业因为蚕灾所造成的原料短缺问题。由此，幕府与法国政府之间的关系日益紧密起来。法国对日贸易量猛增，成为仅次于英国的国家。

随着日法在经济关系和政治关系上的日益紧密，日本国内的法语人才明显供不应求。尽管在法国政府的帮助下，幕府在横滨设立了横滨法语传习所，但是毕竟培养的人才数量有限。兆民在长崎留学时，长崎还没有特别优秀的法语教师。书籍也极少，没有和法辞典，学生不得不购入和兰对译、和英对译字典，然后再利用兰法或者英法对译辞典进行重新查找。法语的语法书更是很难弄明白。因此，兆民不得不跟从不懂日语的天主教神甫通过动作和手势艰难地学习着法语。相对于英语来说，法语有需求且缺乏人才，这大概是兆民由英学转向法兰西学的一个重要原因。

中江兆民与坂本龙马

兆民在长崎不仅跟从传教士学习法语，而且还认识了海援队的指挥官坂本龙马。幸德秋水甚至认为兆民就是日后的另一个坂本龙马。"坂本君联合萨长两藩，得以促进颠覆幕府之气运的形成，而与此相似，将自由、改进两党捏成一体以剿灭藩阀政府是兆民先生毕生所致力于的事业。而坂本君成功，兆民先生却失败了。"兆民本人对坂本龙马极为崇拜，他在回忆当时与坂本见面的情景时说："豪杰自然让人产生崇拜的感觉。我当时正值少年，看见他自然而然地就相信他是一个伟人，因此当他用纯正的土佐方言命令'中江小哥去给我买包烟来'时，平生不屈服的我也屡屡爽然从命。"这种崇拜的感觉不仅仅来源于豪杰坂本龙马身上所表现的志士气概，坂本龙马所主张的民主思想也在一定程度上影响着青年兆民的心灵。小岛祐马认为，坂本龙马是日本的一个民主主义者，这种评价不无道理。一次偶然的机会，坂本龙马发现了一本外国宪法的小册子，马上组织人进行翻译。在长冈谦吉的委托下，坂本根据此书写了一篇文章，就是著名的"船中八策"。其中第四条，编撰律令为国家新的永久法典。律令既定，诸侯也必须率众尊奉它。第五条，设立上下议政所。这些都为明治政府颁布的五条誓文所继承和发展。由此可见，与坂本龙马的接触即使没有成为兆民了解卢梭的机缘，也多少为兆民接受卢梭的思想奠定了基础。

三、达理堂中师英俊，江户城内顾花楼

向后藤象二郎借钱

经过两年的学习，兆民的法语水平大有长进。1866 年，兆民已经不满足于长崎的法语教育水平，产生了去江户进一步进修法兰西学的想法。当时从长崎到江户走水路相对于陆路更加便捷，但是搭乘外国渡船所需要的二十五两船资对于一个穷学生来说是很难付得起的。因此，兆民向当时担任留学生督导的岩崎弥太郎借钱，但遭到岩崎的拒绝。就在兆民一筹莫展的时候，恰巧土佐藩参政后藤象二郎奉藩主命令来长崎采购汽船，于是兆民拜访后藤象二郎，向他诉说自己到江户留学的必要性，并表示如果这次能够成功去江户留学，自己一定不会恋逛花楼。兆民强烈的求学渴望大概感染了后藤象二郎，他决定帮助兆民，为兆民付了船费。不仅如此，这次短暂的交往也建立起了兆民与后藤象二郎日后的联系。

锁国时代，长崎是日本向海外开放的唯一窗口。然而开国之后这一窗口的地位逐渐下降。以江户为中心的日本与欧美列

强间的外交交涉日益频繁，从而使江户逐渐取代了长崎的地位。随着幕府与法国关系日益紧密，开成所以及达理堂等教授法语的公立和私立外国语学校也在江户纷纷建立起来。

村上英俊是何许人

庆应二年（1866）年末，兆民从长崎出发来到江户，跟随村上英俊在达理堂学习法语。村上英俊，文化八年（1811）生于一户医生家庭，字栋梁，通称英俊，幼名贞介，号茂亭，晚年号松翁。英俊少年时跟随唐津藩（今佐贺县唐津市）的儒官大野镜湖学习汉学，随筱山藩（今兵库县筱山市）的藩医足立长隽修习医术。16岁时，英俊曾一夜赋诗五十首令老师镜湖先生惊叹不已。英俊最初接触法兰西学是在天保十二年（1841）迁居到信州松代之后的事。佐久间象山为了研制大炮用的火药，与村上英俊商议，从长崎荷兰商人手中以一百五十两白银的高价购回了有近代化学始祖之称的瑞典化学家贝采里乌斯的法译本著作。在佐久间象山的劝说下英俊开始一边自学法语，一边研读这本书。在此之后，英俊勤学不辍，先后编著有《三语便览》（1854）、《佛（法）英训辞》（1855）、《五方通语》（1856）、《佛兰西词林》（1857）、《佛语明要》（1864）、《名要附录》（1870）、《三国会话》（1872）等。英俊曾翻译《佛兰西答屈智几（兵学）》，介绍法兰西的战术兵法。他还翻译了一篇文章《雷酸金之说》，试图从法文典籍中寻找火药的制造方法。英俊极为赞赏法国文明，这一点大概受到佐久间象山以及下曾根威远的很大影响。佐久间象山是拿破仑的崇拜者，他曾作诗云："何国何代无英雄，平生倾慕波利翁（拿破仑）。而来杜门读遗传，匆匆不知年岁穷。抚剑仰天空慨愤，世人那得查吾衷。如今边警日复月，战舰来去海西南。外蕃学艺老且巧，我独游戏等孩童。"另一个对英俊产生影响的人就是幕府的武士下曾根威远。《雷酸金之说》一文也是听取他的建议翻译的。下曾根威远有一次对英俊说："我听说你是专门研究法兰西学的，自古法兰西文物隆盛，我日本国的炮术也是发源于这个国家，如果你能翻译一些这方面的作品或许对我国有些作用。"英俊为下曾根威远的爱国热情和真诚所感动，从而着手翻译了《雷酸金之说》一文。

中江兆民与达理堂

英俊曾先后担任蕃书调所教授、外语翻译挂等职务。1868年，英俊决定退出政界，专门办学教育后学之辈，他给自己的私塾取名达理堂，当时有许多人跟从他学习。达理堂名噪江户。英俊教育子弟应励精力学，选择正确的为学之路，即使愚钝的人最终也可以出人头地成为俊杰。

英俊主张为学应当致力于实用。他批判中国人对西洋学术的轻视，他认为学习洋学是大势所趋。英俊鼓励世人与他一起译书著说，以有益于天下国家。英俊主张学习历史就是要以史为鉴，只有这样才有助于制造清明的政治。他认为领导者的贤明与否是国家兴衰的关键。"明主贤相在上治政，国家无事，幸福并至。暗主奸臣在上执政，国家多难，灾害荐臻。由此，世之所以治，世之所以乱；国之所以兴，国之所以废；国之所以安，国之所以危；国之所以存，国之所以亡，其事理粲然昭明也。"

据记载，兆民是英俊最早的门生之一。兆民在达理堂学习了不到一年的时间。按照兆民在法学塾《家塾开业申请书》中的说法是："从村上英俊学习半年，后成浪人而周游。"在达理堂学习期间，兆民不仅深深感受到了英俊的实用主义学风、慈父对孩子一样的浓厚温情与家庭般的爱，也接触到了英俊所著的《佛语明要》《佛兰西词林》等书，使兆民的法语修养相比长崎时有了大幅提高。但是，兆民因为"学术已经超越同辈，因此目中无人，恣肆放纵不羁。屡屡光顾深川的娼楼，流连所谓的假宅，后来被村上先生逐出了师门"。尽管这样，兆民依然与村上英俊感情深厚。

四、初为通译显身手，东京城中把师求

为法国公使当翻译

离开达理堂后兆民来到横滨，跟从横滨天主教堂的传教士学习法语，法语口语水平得到了很大提高。1868年，神户作为外国船只的停泊地开港后，兆民以翻译的身份陪同法国公使罗什和领事雷克前往神户，并面见了作为审判官的伊藤博文、陆奥宗光和中岛信行等人。根据史料记载，法国公使罗什一行赶赴神户的主要原因是1868年1月11日行军经过神户的备前藩兵与当地的外国人之间产生纠纷，并与英国巴克斯公使的卫兵发生了冲突，甚至开枪打伤了两名法国士兵，史称"神户事件"。日本政府认为这件事事关重大，命令时任外国事务取调挂的东久世通喜前往神户加以处理。1月15日，东久世通喜与在当地的英国公使巴克斯、法国公使罗什等各国代表谈判，萨长两藩的伊藤俊介（博文）、岩下左次右卫门（方平）、寺岛陶藏（宗则）、吉井幸辅（友实）和陆奥阳之助（宗光）等人也都列席了会议。在事件处理之前，东久世通喜向各国代表通告了将军德川庆喜已将政权交还给天皇，以前的条约使用"大君"这一名称，今后将改为"天皇"；并表示神户事件的处置要各国谈判代表充分讨论得出统一意见后，报请天皇裁断。经过激烈的谈判，日本政府答应各国政府的处理要求，给予事件责任者切腹、警告的处罚。

可是，罗什在旧幕府势力因鸟羽、伏见战败而撤退到江户后，仍然固执地支持旧幕府。在神户事件后，他给各国代表发送文件否认天皇政府的合法性，怀疑天皇保护在日外国人的能力，力陈为了保护各国的利益，大家应该支持"大君政府"。不仅如此，罗什还亲自从兵库出发赶往江户与德川庆喜面谈，企图以德川庆喜名义上的退隐和保持关东的直接支配领地为最后条件，谋划幕府与天皇政府间的调停。随后，罗什又迅速返回兵库，向各国代表提议为调停旧幕府与天皇政府之间的矛盾，各国代表应访问京都。但是，他的提议没有获得各国代表的支持。

就在神户事件处理后不久，同年3月8日，法国军舰上的十一名船员在堺被土佐藩藩士所杀，史称"堺事件"。对于这一事件的处理，罗什提出对二十名施暴者处以重刑，要求日本方面给予被害遗族和负伤者补贴十五万美元，并且日本政府和土佐藩应该向法国方面赔罪。对于这些要求，明治政府没有办法而全都采纳了。后来新政府在京都招待各国代表，包括罗什在内，英国公使巴克斯和荷兰总领事伯尔斯布鲁克等多国代表都接受了邀请。3月22日，罗什在京都面见了天皇。

兆民跟随法国公使罗什等人赶赴神户谈判期间，王政复古、鸟羽伏见战役等事件就发生在他的眼前。在幕府瓦解，新政府成立这一历史性的转折中，作为法国外交官翻译的兆民就处在现场。但是这一政治上的巨大变革好像并没有引起兆民太大的兴趣，他似乎将全部精力都放在法语的学习上了。

中江兆民与箕作麟祥

明治新政府成立后，兆民又回到东京（江户于1868年9月改名东京），进入箕作麟祥在神田南神保町开设的私塾学习。箕作麟祥（1846~1897），幼名贞太郎，后改为贞一郎，生于江户津山藩（今冈山县津山市）的一个兰学世家。麟祥的父亲，著名的地理学者箕作省吾在麟祥出生的当年就英年早逝。麟祥为养父——江户后期著名的兰学家箕作阮甫所抚养。麟祥从小跟从藤森天山、安积艮斋学习汉学，后来又跟从箕作阮甫学习兰学。安政中期，箕作阮甫在幕府蕃书调所担任教授，麟祥也随之进入该所学习兰学。后来麟祥又师从中滨万次郎学习英语。1861年，年仅16岁的他成为蕃书调所英学教授助手及教员。1862年，蕃书调所改名为洋书调所，后又更名为开成所。麟祥任该所英学见习教授。在开成所任职的同时，麟祥在家中开办私塾教授学生英学范读、集体阅读以及轮流讲义。1867年，麟祥随同德川昭武留学法国，1868年归国后，他被明治政府任命为一等翻译官。同年10月，麟祥被任命为兵库县御用挂。当时担任县令的伊藤博文在兵库建立了一所洋学校，麟祥任该校教授。这所学校的学生有一百五六十人，其中有很多是从全国各地慕名而来的学生。后来麟祥又被政府召回东京，担任翻译御用挂。麟祥于工作之余在神保町的家中开办家塾，当时的学生有周布金槌（公平）、内藤彦助（彦左卫门）、中江兆民等一百多人。对此，幸德秋水在《兆民先生》一文中的记载是："王政维新后，箕作麟祥来到江户，在南神保町开设私塾。兆民先生随即赶到江户，成为箕作先生的门生。"

进入麟祥的私塾以后，兆民开始翻译法文书籍。在这一过程中他对佛典和汉学产生了浓厚的兴趣。这一点在《中江兆民与石黑况翁》一文中有所记载。兆民曾对石黑医生说："我是学习法语的，要做大量的翻译，而要真正地翻译就必须熟悉中国的翻译文。要学习中国的翻译文字文体没有比佛经更好的了。因此，我想先研究一两年佛经，然后再执笔翻译法文。"后来，兆民在给石黑先生的信件中虽然对石黑先生的回忆提出了一些不同的看法，但是也证实了这一事件确实是发生在箕作麟祥时代的事情。在箕作麟祥私塾就读期间，兆民曾于明治二年（1869）到福地源一郎在汤岛开设的日新社当过私塾的塾长，教授法语。兆民曾在回忆这段历史时说："日新塾开设后，有很多学生入塾学习。然而办学不到一年，福地先生就屡屡游吉原（烟花巷）而不归。英学科的学生逐日减少，最后只剩下我带领的法学科的学生了。"由此可见，这一时期兆民的法兰西学研究已经与前一阶段有了明显的区别。他已不满足于仅仅学习法语，而是在思想上和行文上力图更加准确地理解法语的意义，并试图从汉学系统中寻找与法兰西学相通的合理的连接点。

兆民在箕作麟祥的私塾学习了两年法语后，根据开成学校的《职员录》记载，他进入了大学南校（东京大学的前身）担任助教，教授学生法语句读和翻译等课程。

总之，兰学、法兰西学作为近代的学问引起了兆民的极大兴趣，使他辗转于长崎、江户、神户之间拜师求学，在这个过程中，兆民的法语水平得到了很大提高，为他此后前往法国留学奠定了良好的基础。

第 2 章

数载留学法兰西，如饥似渴取真经
——中江兆民在法国

一、里昂城中机缘巧，律师门下蒙教诲

明治政府的留学生政策

明治政府成立之后，为了加快近代化的步伐。一方面，短时间内雇用了大量的外国专家，帮助新政府建立近代意义上的政治、法律以及科学技术的体系；另一方面，从长远的政策上，积极向海外派遣留学生，使他们通晓外国的国体、政治和风俗人情，研究西洋的学术、技术、文物制度以及其他知识，"以鼓舞日新之民，助益开化之道，促进国家的强盛与皇谟之远被"。

从 1869 年到 1870 年，日本派出的留学生中政府派出的并不多；藩派留学生有一百一十六名，占主体部分。1871 年，政府加大了官派留学生的派遣力度，面向公卿贵族子弟招募学生，赴欧美学习科学技术、文化制度。兆民"久抱外游之志"，但是政府的官派留学生制度使作为下级士族的兆民能够享受到

这项政策的可能性微乎其微。为了实现留学的愿望，兆民历经曲折面见了当时新政府的高官大久保利通，向他表明了自己学术优等，但没有好老师、没有可读之书，又苦于政府仅从官立学校学生中选派出国人员的限制，希望能够参加此次出国选拔，并且说："同是国民，同是为了国家，为何要问出身的官与私呢？"大概兆民一心向学的态度感动了大久保利通，在大久保利通和土佐出身的后藤象二郎、板垣退助的运作下，兆民终于如愿以偿地实现了去法国留学的梦想。

中江兆民作为司法省派遣的留学生于明治四年（1871）十一月十二日随同岩仓使节团一行从横滨出发，赶赴法国留学。同年十二月六日随使节团到达旧金山。从这里兆民开始与使节团分道而行，从旧金山出发前往纽约，他在赶路途中正碰上洛基山地区普降大雪，造成铁路停运，兆民被困于犹他州盐湖城。兆民后来曾经回忆，当时"食竭肚瘪，我冒雪去一里外的地方吃肉，因此冻伤了三根手指和一只耳朵"。直到第二年一月十一日，兆民才最终抵达法国，开始了为期两年多的留法生活。

在法国，中江兆民不仅为了完成司法省派遣的学习任务，跟从里昂的皮利埃尔学习法律知识，而且还专心研究哲学、史学和文学，并将《孟子》《文章规范》和《日本外史》译成了法文。更重要的是，兆民以局外者的角度亲身感受到了欧洲近代政治模式的一个重要代表——法国政治体制的利弊。兆民抵达巴黎时正值巴黎公社刚刚覆灭，梯也尔政府成立不久。法国国内各政党纷争激烈，政府权力极其不稳定。兆民首先进入了当地的一所小学校学习语言，后来因为无法忍受儿童的喧闹而不得不退学。桑原武夫认为，在小学校学习语言是兆民为了达到目的，善于应变性格的重要表现。也有学者认为，在明治三年的《海外留学规则》中所规定的"留学期限通常为五年"，大概也是促使兆民进入小学从基础开始学习法语的重要原因。

中江兆民在里昂

大概考虑到司法省委派的留学任务，兆民赶赴里昂跟从那里的一名律师学习法律。井田进也在考察里昂地方报纸上发表的1872~1873年度里昂律师团名册的基础上，认为原里昂律师团团长、教育家、地方名士皮利埃尔（1814~1894）接收从巴黎远道而来的兆民，让他跟从自己学习的可能性很大。皮利埃尔是法国著名的律师和社会活动家。他出身于里昂一个世代法官和律师、信仰天主教、具有严谨家风的家庭。1833年，皮利埃尔赴巴黎游学，曾经进入法学系学习法学，后来投身于盛极一时的浪漫主义运动之中，与新天主教运动的推进者拉科代尔等人关系密切。

1836年，皮利埃尔回到里昂，大概因为他生来具有与人争斗的癖好，所以选择了律师行业。1863年，皮利埃尔被选为里昂律师团团长。他在从事律师工作的同时，也致力于建立慈善访问团体、创建孤儿院和天主教系统的小学等社会慈善事业。兆民来到里昂的时候，正值皮利埃尔致力于建设天主教系统小学，为法国教育中的自由而披荆斩棘，发挥着"即使剑断了，也要执断剑战斗"的时期。可以想见，不仅皮利埃尔的法律知识，甚至他身上所体现的为自由而战的坚忍不拔的性格大概也会对从小具有正义感的兆民有着重要的影响。兆民在里昂绝不单单是为了学习人文科学知识，而更加具有使命上的必然性，他要完成司法省交代的任务。为此，兆民在里昂度过了将近一年的时间。

与中央政权所在地巴黎相比，里昂可以称之为反体制的共和主义和社会主义思想传播的据点。在这里兆民接触到了共和主义和社会主义思想，这对日后兆民政治思想的形成起了不小的作用。当时里昂不仅有大众性的报纸，而且还有政治色彩比较浓的报纸，如1868年创刊的名为《进步》的报纸。兆民归国后所翻译的《维氏美学》的作者贝隆（1825～1889）在1870至1872年间也经常向该报投稿。

贝隆是19世纪中叶法国著名的记者，也是热心的共和主义者。他于1846年进入高等师范学校学习，四年后学成毕业，通过文学教授资格考试成为一名教师。法兰西第二帝国政府成立后，作为共和主义者的他辞去了教职，进入了舆论界。贝隆先后担任《自由》报、《进步》报和《共和法兰西》报的主编，以及巴黎地方美术馆监督官、《艺术》周刊杂志社社长等职务。贝隆一生关心政治，向往民主、和平，是1867年9月在日内瓦召开的"万国自由和平同盟"第一次大会的积极参加者。

兆民在里昂逗留时期，正值贝隆担任《进步》报和《共和法兰西》报主编的时期。贝隆在两报上发表了许多政论文章，如《急进派》（1872年6月29日）、《急进主义》（1872年7月5日）、《社会的平等》（1872年7月15日）、《学校和国家的分离》（1873年1月21日）、《教会和国家的分离》（1873年3月23日），等等。作为评论者来说，贝隆的这些政治思想并非多么有名，也不一定有许多特别独创的地方，但是对刚刚从"半开化"的日本留学而来的兆民来说，这种共和主义的言论也应当算是新思想，引起他的关注也是非常有可能的。正是因为兆民在法国时就对贝隆思想有所了解，所以当他回国后，得知贝隆著的《维氏美学》一书出版后很感兴趣，遂取来通读一遍而决定翻译的可能性很大。

二、巴黎得遇良师友，莫道天道不酬勤

中江兆民在巴黎

1873 年年中，兆民离开里昂移居巴黎。兆民离开里昂也并不是偶然的。从客观上讲，许多因素已经促使兆民不得不离开里昂。首先，里昂大学的法学系还没有开设，兆民没有办法完成法务省交给他的任务。其次，在里昂兆民的指导教师不足，只有皮利埃尔一个人。而更重要的原因是，日本政府颁布了官费留学生召返令，使兆民在法国留学的时间所剩不多，觉得与其在里昂坐等归国，不如到法国首府巴黎进一步学习。这大概不只是兆民，也是当时官费留学生的普遍心态。官费留学生召返令是明治元年日本政府留学生管理上的一大举措。这条法令出台的背景是，1872 年 3 月文部省开始着手全国留学生的实态调查，好为制定下一年的学制作准备。这次调查使留学生派遣中存在的诸如耗资巨大、学生质量参差不齐等问题浮出水面。经过参议院讨论决定召回派遣到海外的官费留学生。这个决定一经发布，立即引发了官派留学生们的激烈反对。兆民曾经委托到里昂作审判制度调查的井上毅向政府提出延长留学时间的申请。当时兆民在法国的朋友饭塚纳也向岩仓使节团提出了延期的要求。权藤成卿在记录这件事的时候也提到了兆民的名字："明治五年，全权大使岩仓具视，副使木户孝允、大久保利通等巡游欧洲诸邦。当时政府有留学生召返令，纳乃申请缓期，并且具体陈述了欧洲列邦兴败的情状，说明国际形势。因为他说得有道理，诸公深深体谅了他的心意。因此，纳与西园寺公望、中江笃介、黑川诚一等得以留在巴黎。"由此可见，官派留学生的召返令是促使兆民来到巴黎的主要原因。但是，

权藤成卿的记载也不完全准确，因为兆民在巴黎只待了一年，之后就回国了。

中江兆民与爱米尔·阿科拉

在巴黎，兆民结识了法国急进民主主义理论家爱米尔·阿科拉。阿科拉是 1867 年在日内瓦成立的"和平与自由同盟"的创始人之一。该组织的主要成员有加里波第（1807~1882）、巴枯宁和维克托·雨果等。阿科拉曾被法国巴黎公社推举为法科大学校长，但是因为当时他身在瑞士而没有接受这个职务。阿科拉一生门徒众多，其中最著名的是被称为"胜利之父"的法国著名政治家、第一次世界大战期间曾担任法国总理的乔治·克列孟梭。

19 世纪的法国，共和主义政治思想主要有两个流派，分别可以追溯到 18 世纪的卢梭和孔多塞。前者在自由意志为前提的契约的基础上构建了国家和权利、义务理论。后者主张科学主义进步史观。主张将人放在与自然的关联中进行考察，把人类的进步看作人类知识的进步来把握，在政治上赞成科学、进步和改革，但不赞成革命。爱米尔·阿科拉作为"实证主义时代卢梭的弟子"，这两个流派的思想在他的身上都有所体现，甚至可以说阿科拉本人极力融合着这两种思想。

阿科拉既是卢梭的崇拜者，也是卢梭思想的批判者。他赞扬卢梭的思想是"从来没有如此张扬人类命运之理想的精神，从来没有如此充实地爱着所有薄幸之人的心灵，从来没有如此为真理的胜利而炙烈而战的良心"。但是，对于卢梭的思想他并不完全赞同。他在《政理新论》的前言中讲道："我开始读卢梭先生的书大有所悟，于是得以自成一派。但也并不能说卢梭先生就是我的启发人。因为卢梭先生笃信神学，而我排斥神学；卢梭先生把主权归之于庶众，这一点我并不赞同。在这些方面我与卢梭先生好像是水火不容的。"

爱米尔·阿科拉从实证主义自然观的角度对基督教神学展开了激烈的批判。他认为神无法通过科学实证性的方法来检验，是不能被人的理性证明的无稽的妄想，而且神是对个人自由的压抑。他认为天主教神学可以归结为两个命题：（1）"承认超越人的意志的存在，以及对后者的从属和对前者的放弃"；（2）"人类行为的原罪的原理，以及这一原理（对人们）的压抑"。这两种观念与卢梭的神学观之间并非完全没有关联。卢梭将宗教分为三种：第一种是人类的宗教，它"只限于对至高无上的上帝发自纯粹内心的崇拜，以及对于道德的永恒义务"；第二种宗教是公民的宗教，它被写在某一国家的典册之内，是这个国家特有的保护神；第三种宗教是诸如罗马基督教、喇嘛教、日本宗教一样，给人两个首领、两个国家，这种宗教一无是处。卢梭并不否认宗教对人民有欺骗性，只是更强调宗教所具有的引导人民"爱法律""爱正义"的作用。可见，卢梭的神学观与阿科拉的无神论既是对立的，也是有紧密联系的。

实证主义反对认识经验之外存有实在，阿科拉也似乎受到了这一观念的影响。他反对卢梭所提出的"由全体个人的结合所形成的公共的人格""公共的大我"的主权观念，主张基本权利的主体是个人。阿科拉否认超越个人的实体的存在，在他看来个人才是主权的主体。但是，阿科拉也承认人之自由的社会性。他认为，"政治社会"的确立终究是由三个不可或缺的要素构成的，即"个人的自由""对他者自由的尊重"以及"对他者的爱"。因此，自由也包含对他者的道德性的自律。在这一点上，阿科拉似乎是受到卢梭主权思想的影响。

阿科拉认为，只有民主国家才能基于自由、平等、博爱的立场处理国际政治问题，从而使邻国关系维持稳定。在这一点上也可以看到受卢梭思想影响的痕迹。卢梭反对"用宗教来帮助道德",也反对格劳秀斯所主张的异邦人等同于敌人的观念,反对霍布斯的国际竞争中的力量原则。他认为:"霍布斯的错误不在于他在独立的但已变成了社会人的人们中间确立了战争状态,反而在于他对人类假设了那种自然状态,并且把本来是罪恶的结果当成了罪恶的原因。"他基于理想主义的视点,按照社会契约基础上的自由、平等、博爱构筑成的特殊社会模式来设想普遍社会的样态,得出了以下结论:"假如哲学和法律约束不了狂热主义的怒焰,假如人的声音并不比上帝的声音更强;那么整个大地就会血流成河,全人类也就会转瞬灭亡的。"

由此可见,爱米尔·阿科拉身上具有卢梭理想主义与实证主义的双重性格。就如 C. 尼茨雷特所说,从先验主义自然权力与理想主义相对立这一点上讲,阿科拉是"19 世纪稀有的共和主义者",在爱米尔·阿科拉身上实证主义与卢梭的理想主义得到了初步的统一。也正是因为这一点,使得师从于爱米尔·阿科拉的兆民通过这种对卢梭批判的视角,对卢梭的思想有了更加深刻的理解。

中江兆民的法国印象

兆民在法留学期间,正值法国七月革命、二月革命等市民革命与王政复辟相互交替,而最终归于第三共和国的时期。这一时期社会的变动对兆民的感官造成了很大冲击。当时的法国拿破仑三世战败后,国内存在朝野激烈的政党之争,国外有反动势力汹涌而来。兆民把梯也尔、法夫尔、甘比大等在野的政治家视为拯救乱世的英雄。他说茹尔·法夫尔、甘比大等英雄人物毅然担当法国社会的中流砥柱,为民主共和制大义奉献了自己的精力和智慧。兆民对拿破仑三世的认识也比较深刻。他认为拿破仑三世失败的原因是,内政上不能做到以德治国,对待民众严苛,在临敌时过于轻敌,从而造成国家覆灭。但他认为拿破仑三世的理财之道值得称赞。拿破仑三世开通河渠,广兴工技,在他执政二十年间,国内各港口的运输量翻了几番,"民之有财拿破仑之功也"。但是,拿破仑没有使人民免于战祸,"此财有余而德不足也"。

兆民对于法国式流血遍地的革命方式并不十分支持。他在《英法人民可哀不可慕》一文中明确地指出,法国人民自由权的获得,是官民摩擦所产生的憎疾的爆发,相互忌惮如同仇敌,最后才将国王送上绞首架。但是,这一结果引来了周边国家君主的恐惧,他们相互联合组成联合军共同讨伐法国,于是法国建立政党政府以图抗敌。由此造成"祸患蔓延,以致无辜人民血流千里,举国变成一片废墟",这是法国人民的一大不幸。

总之,兆民从小就是一个极富敏锐思想的人。他能够改变初衷,从英学转到法兰西学以适应当时日本国内急需法语人才的要求就足以证明这一点。兆民的性格中充满了理想主义的成分。从长崎到江户,从江户到神户,从神户再回东京,在辗转各地的过程中,兆民不间断地寻找着法兰西学大师,直到最后兆民将目的地锁定为法国。为了实现心中学好法兰西学的夙愿,兆民付出的不可谓不多。通过师从皮利埃尔和爱米尔·阿科拉,兆民学习到了以卢梭为代表的法国民主主义思想,为他归国后从事学术研究和实践活动打下了坚实的思想基础。

第 3 章

一腔从政报国志，哪知此处不识君
——为官时代的中江兆民

因为政府压缩财政支出而推出的召还官费留学生政策，使留学法国两年有余的兆民不得不归国赴命。据幸德秋水讲，兆民临归国前受到过一名法国教师的挽留，兆民思想颇为动摇；但考虑到母亲年迈需要人照顾，所以兆民还是决定回国。

一、从政为官蹒跚志，毅然离去笑恩仇

其貌不扬的东京外国语学校校长

兆民回国时正值国内民选议院争论激烈之际。下野的参议板垣退助、后藤象二郎、江藤新平、副岛重臣等人指责明治政府是"有司专制"，于 1874 年 1 月 17 日向左院提出了设立民选议院建白书。提出了建立立宪政体，"确立人民的通议权理"，赋予"士族及豪农商的参政权"的意见。民选议院建白书的内容被登载在《日真新事志》上，引发了国内关于开设国会的大讨论。加藤弘之、大井宪太郎等人以开设国会时机尚早为由，纷纷表示反对，由此引发了激烈的民选议院论争。兆民归国后

并没有马上参加这个运动，但他回国后也没有立刻回司法省复职。其中主要有三方面原因：首先，政府正在对留学生进行重新审查；其次，政府对曾经在具有激进民主倾向的法国留学过的学生和土佐藩出身的人都抱有戒心；再次，文部省于1874年3月颁布了《归朝留学生须知条例》，其中规定海外留学生归朝后"进退自便"，改变了在此之前官费留学生回国后禁止在民间就职的限制，政府对留学生也不予照顾，只是对个别的给予特殊考虑。大概基于以上原因，1874年6月回国后不久的兆民向东京府知事提交了法兰西学舍开业申请书，在东京第三区第三小区中六番町四十五番地开办了法兰西学舍，教授学生法国语言文学。

在经营私塾的同时，1875年4月，兆民被任命为东京外国语学校的校长。当时的日本，洋学还没有普及，人们认为外国人都是有大学问的大博士，所以在东京外国语学校中聘请的外国人教师都领着高额的俸给。当然其中也不乏不学无术的人。兆民上任校长之后马上就发现了这个问题。有一天，他把外国教师召集到一起，要考一考他们的学问。当时的外国教师根本瞧不起兆民，看着他平时不修边幅，蓬头垢面，穿着一身和服，一副农家汉的打扮，认为他也不会有什么大学问。有人甚至在背地里骂兆民是不知天高地厚的日本人。但是，大家毕竟不敢违抗校长的命令，都答应接受考试。在考试的时候，令这些外国教师没有想到的是，兆民颇有见识，水平之高令他们瞠目结舌，他们彻底服了。以前一些态度不好的教师也纷纷向兆民道歉。从此以后外国语学校的风气大为改观。但是，因为兆民主张的以孔孟之道为主的儒教教养主义教育理念与当时教育界占主导地位的功利主义、实学主义教育方针相背离，兆民不得已主动提出了辞职。

嚼豆书记官

兆民在辞去东京外国语学校校长职务后不久，随即进入刚刚成立不久的元老院工作。元老院是大久保利通、木户孝允等人在大阪会议上为推行渐进的政治改革路线而与板垣退助等民权派相妥协的产物。元老院的官员人选以萨摩、长州、土佐出身者居多，议长原定由左大臣岛津久光兼任，后因岛津久光辞任而最终由有栖川宫炽仁担任，副议长由后藤象二郎担任。关于元老院的性质，在 1875 年 4 月 14 日颁布的诏敕中有明确的说明，"设立元老院以广立法之源"。可见元老院是作为一个起草宪法的机关而设立的。兆民进入元老院后不久即被分配到宪法调查科，同样的机构根据外部情势的变化曾数度改名，然而其承担的任务却基本没变，即负责调查日本自古以来的法律、外国法律的翻译研究以及宪法制定的基本调查。1876 年 9 月 7 日，元老院接受宪法起草的诏敕，以柳原前光、福羽美静、中岛信行、细川润次郎为宪法调查员，包括兆民在内，河津祐之、横山由清、安居修藏等书记官兼任国宪调查局调查员，负责国家宪法的起草工作。

兆民在元老院任职期间还参与起草了《日本国宪法草案》。宪法调查局成立之前，宪法草案的起草工作事实上主要是在调查科内进行的，是由兆民和河津两个人来负责的，田中耕造和岛田三郎等书记官也参与了其中一部分的工作。后来由于在是否加入"众议院"的条款上兆民与上司陆奥宗光之间产生了矛盾，促使兆民提出辞呈。值得一提的是，1877 年 1 月 19 日，除了兆民之外，横山、安居等兼任国宪调查员的书记官也联名辞职。由此可见，兆民辞职的原因不仅在于与陆奥宗光的矛盾，大概更重要地是他对元老院在国家宪法草案上的不合理做法存在不满。

但是，兆民对自己在元老院时代的生活评价还是相当高的。兆民曾说："那个时候的元老院是极进步的，就连卢梭的书元老院也让我翻译，以元老院藏版出版。"兆民在元老院任职期间，"一边嚼豆，一边处理事务"，所以被冠之"嚼豆书记官"的绰号，足以显出了"无论哪个地方，兆民的行为都与众不同"。

中江兆民穿着袜子走回了家

兆民在元老院上班的时候，无论什么时候都穿得很朴素。说他是留过洋的人大家都不相信，因为没有人见他穿过一次西服。而与他一起工作的大井宪太郎等人则每天穿着质量上乘的和服套装，骑着自行车上下班。兆民每天穿着小仓布做的和服裙子和一件捻线绸短外罩，带着一个铁边眼镜，步行或坐人力车上下班，简直是一副下级公务员的样子。另外值得一提的是兆民的鞋子总是比较脏。有一天早晨，外面下着雨，兆民还像往常一样来到元老院，从正门走进去。那天兆民的木屐非常脏，好像刚从垃圾堆捡回来的一样。这样一双鞋摆在元老院玄关正中央无论如何是件不雅观的事情。负责玄关管理的小官吏想：这该怎么办呢？这样放着肯定是不行的！就将兆民的木屐收了起来，想着等到下班的时候再把它拿出来就行了。但是，令他没有想到的是，那天兆民提前下班了。他来到玄关前，没有找到自己的鞋子，问了句："这是怎么回事啊？我的鞋哪儿去了？"没人回答，他只好穿着短布袜子走了出去。管理玄关的官吏看到他的样子吓了一跳，赶快拿着他的脏鞋在后面追，但是没能追上。就这样，兆民那天穿着短布袜子回了家。

二、冒死进献改革策，热血一腔付东流

向岛津久光献策

在元老院工作期间，兆民开始关注日本现实的政治问题，并且形成了自己独特的看法。他曾通过胜海舟向萨摩藩实际掌权者岛津久光递交了一篇名为《策论》的文章，围绕日本今后的政治改革阐述了自己的意见。时隔不久，岛津久光会见了兆民。对于当时见面的情景，幸德秋水在《兆民先生》一书中是这样描述的："先生拜伏说：'我前些日子曾给您进献的拙著您看了吗？'岛津久光回答说：'我看了一遍。'兆民说：'您看完后如果能够采用那将是我的荣幸。'岛津久光说：'你的文章写得非常好，但是实行起来却非常困难啊！'兆民于是进一步问道：'有什么难的啊？您可以召西乡隆盛来京，夺下禁卫军的指挥权，然后迅速围攻太政官，此事就一举可成了。何难之有呢？现在陆军中思乱者非常多，如果西乡来了他们会立刻响应西乡的。'岛津久光说：'如果我叫西乡隆盛来，他不答应又当如何呢？'兆民说可以派遣胜海舟去游说西乡隆盛，他一定会答应。岛津久光沉思良久说，这个事还要好好考虑考虑。于是兆民先生只得作罢了。"

日本社会的改革方策

兆民在《策论》中较为全面地阐述了他改革日本社会的韬略。兆民认为关系一国兴衰主要有两大关键要素，即人们思想是文明，还是落后；国家是富裕，还是贫穷。而日本在这两个方面都面临着严重的问题。对此，兆民提出了如下建议：

在社会方面，为了去除人们的恶习，兆民认为首先应当废

止蓄妾制度。他援引孟子的观点，认为："国之本在家，家之本在身，是故世风之殄衰、国风之浇漓多因闺中之不整肃。"而"妻妾同室悖天理背人情"，应当"速下令废除此陋习"。这样的话人人都能够洁身自好，天下的风气也就可以变好了。兆民批判蓄妾是为了"固家嗣培国脉"的说法，他认为，天下人生下来是男是女都是天定的，我们有子嗣，而其他的人没有子嗣，这样做哪能说是补固国脉呢？这样做只能是带来无尽的怨害。

兆民认为，东方和西方各有所长，日本应当取长补短。英法的优势在于技术和理论，"所谓技术就是穷理分析之类，所谓理论就是法律经济之类"。日本要赶上西方的当务之急就是"布技术宣理论"，这也是当时日本聘请外国教师，学习洋书的原因。但是另一方面，英法的优势之中也存在着弊端，那就是由于过分强调利益和欲望，而轻视了对道义的执着。为了弥补这个弊端，西方的哲学起到了很好的作用。但是，兆民认为，西方的苏格拉底和柏拉图所倡导的也不外乎仁义忠信，而日本的优势恰恰是具有优良的道德传统，"父子相爱，兄弟相亲"，"上下尊卑"之礼都优于英法诸国。后发的日本要去除国内的不良习气就要将东西方两种传统结合起来，"可以让公私学校在讲授技术理论之外钻研西方的哲学，同时也讲习汉土的经传"。如果能这样，日本将成为凌英驾法的"宇宙第一善国"。

在政治方面，兆民主张改革日本的官僚制度。他认为政治上的"愚蒙"是阻碍日本实现近代化的重要原因之一。为了解决这一问题，兆民认为应该从三个方面入手。首先，针对政府中"苟安之习"，兆民提出了"正登升，限移转"的解决方案。他批判当时政府以任职时间的长短作为升迁基准的升迁制度，认为这样做会造成许多偷奸耍滑和工作能力不强的人常常有恃无恐。但是兆民又认为，仅凭能力来决定官员的升迁也有不足之处，这样做容易使调动职位如同走马灯一样，有关系的人甚至在一个职位上多则半年少则二三个月就会另谋他就。所以，也必须对转职加以控制。"正登升"可以整治偷奸耍滑和没有工作能力的人，奖励有才能的人；"限转移"可以成就久远的目标，控制那些有新奇欲望的人，使人们时时提醒自己要努力勤勉，从而逐渐可以去除苟安的恶习。其次，兆民批评政府中某些官僚占着职位却不勤于工作的"国盗"行为，主张裁减庸员。他认为，当今国家事务繁多远非往日可比，但是如果每个人都能够严格地履行和遵守自己的责任，国家明确奖惩的标准，那么政府就不需要那么多官员了。所以，政府应该裁减庸员，减轻财政负担。另外，兆民主张日本应该实行以两个人为中心的宪政。他援引法国孟德斯鸠的话说：国家处于草创期的时候，一批英雄豪杰创立了国家制度；而国家有了一定发展，就是制度成就英雄豪杰的时候了。日本虽然清除了数百年以来封建暴政的"专滥束缚"，但是因为还没有确立宪政制度，所以国家还处于草创期，需要英杰人物的出现。在兆民看来建立宪政制度的英杰需要具备两个必要条件，他们既要"通达理势"，又要"有所操守"。通达理势的人能够抓住事物本质懂得变通，而具有操守的人一旦决定就坚定不移地执行。兆民认为，在现实的政策实行上，为防止"才识超绝"的"英杰"偶然犯错误，应当再由一位"大度坚毅而且有威望的人"辅佐他，这样的政治才能"立于中道而不致败退"。

在经济方面，针对国家的贫困问题，兆民提出了两条改善方策。首先，兆民主张提高进口关税。他认为，日本与英法等列强客观上确实存在着贫富的差距。"英法之富盛，由来已远。"英国有伊丽莎白，法国有亨利，都是"稀世的英主"。他们广兴教育，振兴学术，使国内名儒高士不断出现。但是与此相对，日本则科学落后，产业也不发达。以这样的日本"想要与英法对抗搞贸易，简直就是傻瓜"，其结果只能使日本更加"困敝"。兆民主张对洋货课以高额关税，这样做不仅可以克服"国人乱买洋货的弊端"，而且可以发展国内产业，减少国内金币外流。与此相关，兆民对国内商品的出口问题也有自己的看法。他认为，如果要提高出口量就必须发展国内产业，增强国内商品的国际竞争力。那么，怎样发展国内产业呢？有两条途径可走：其一，鼓励制造国货。其二，学习制造洋货。对于国内有原材料和发展基础的行业，兆民主张以制造国货为发展方向。他结合在法国留学时的见闻以及国内制绢行业纺织技术落后的现状，主张在绢工中挑选"技术好"、身强力壮的人与一名懂法语且熟悉当地民情的人赴法国实地学习制绢方法。也就是说，虽然是发展国货也要跟上时代，吸收先进的生产技术和管理理念，这才是民族产业的发展之道。另一方面，兆民认为国内没有的商品也要生产，这就是所谓的"洋货之制"。但是，因为洋货并非日本所有，其制作方法也并不是一天就能够学成的，所以应该招募其他国家的工人到日本的工厂中来生产劳动，这样做国人就可以学会洋货生产制造的方法，从而提高劳动生产率。兆民还根据自己在法国留学时所看到的欧洲工人的穷乏状况论证了招聘外国工人的可能性。兆民批判明治政府所推行的"兴铁路架石楼"的"顽陋"政策，认为这"只不过是惊于耳目而花费太多"的做法而已。

兆民提出的这些方策，虽然存在着一些理想性的成分，比如，在经济方面的提高关税、政治方面的"两人中心的宪政制度"等等，但是，他能从整个日本发展的角度提出如此全面的改革方案，在当时的日本已经非常难能可贵了，而且有的政策直至今天依然具有参考价值。

第 4 章

不甘一介教书匠，愿将自由普世间
——中江兆民与自由民权运动

一、开塾普及自由道，东洋卢梭美名传

中江兆民与法学塾

回国后不久，兆民在东京开办了法兰西学舍（后改名法学塾）讲授法国语言文学。兆民仿效法国教育界的教学方法，在教授语言学的同时，让学生学习地理、历史、哲学等知识，以使学生加深对法国文化的了解。学校的具体科目有反切书，单词篇，会话书，古诗类，孟德斯鸠的罗马兴亡论，杜罗伊的古代史史略、希腊罗马史、法国简史、法国近世史，伏尔泰的查理十二世史、路易十四世史，卢梭的民约论、非开化论、教育论以及西方哲学等。后来这种教学指导思想又进一步深化，据兆民在 1877 年 5 月 14 日提交的《开业证书补发申请书》中所说，法学塾增设了汉书泛读的科目，将儒学与西方哲学、史学作为学习法国文学与法律的基础学科。兆民之所以增设儒学是为了提高学生的道德素质。兆民在任东京外国语学校校长的时

候就已经有了这种想法，他主张采用与西方基督教一样具有道德教化作用的孔孟之教作为提高学生道德的必要手段。从这一点看，兆民的法学塾与福泽谕吉开办的庆应义塾有共通的地方。庆应义塾也从开设初期起就设立了汉书、作文等科目。但是，法学塾与庆应义塾也有不同的地方。在教学科目上庆应义塾主张实学中心主义，对数学等自然科学极为重视。而法学塾重视人文科学的讲授，设置了历史、法律、经济、哲学等基础科目。

法学塾的另外一个教育理念就是教学的自由化。这种自由的教育理念主要表现在以下几方面。

其一，学校注重师生之间的情谊而非形式。兆民与学生在一起的时候极为随和。据涉江保说，在法学塾"即使是学生对兆民也不特别使用敬称，依然使用'君''你'这种平等的称呼"。作为学生的秋水也"笃""笃"地称呼兆民，对此兆民也没有特别见怪发怒的表情，而是显出一副并不介意的样子回答他。兆民对学生的关爱是无微不至的，即使是在法学塾关闭后这种师生情谊也一直持续着。兆民在《东云新闻》担任主笔时，听说板垣退助的儿子板垣铦太郎发起设立的泰平学校正在招聘法语教师，就推荐自己的高徒初见八郎到该校任教，并亲自到泰平学校给初见八郎做工作。1892 年 2 月，为了帮助门生小山久之助竞选信州第五区的众议院议员，兆民亲自赶往信州参加助选，甚至作了精彩的讲演。

其二，教育方法自由。法学塾中的学生可以不受教科书的限制向教师提自己感兴趣的问题。而且讲座是开放式的，非专业的学生只要有闲余时间也可以自由地旁听。学塾将学生都视为有修养的正人君子，"除放歌饮酒之外不设其他禁则"。这间带有强烈自由主义色彩的法学塾迅速为世人所知。有媒体评价法学塾：东京六万书生都是一些轻薄不值一提的人，只有法学塾和明治义塾的书生才是将来值得依赖的和有胆识的人。法学塾"祖述卢梭的民约论，排人爵，击阶级，奔放议论，如天马行空，青年之徒闻风来学者很多"，"前后及至二千余人"。甚至当时有人认为："今日民间善于法兰西学者基本都在兆民的法学塾中接受过熏陶教育。"

《政理丛谈》是于明治十五年（1882）二月左右创办的法学塾的塾刊。明治十四年政变后，天皇下诏书要在 1890 年开设国会。为了在尽量短的时间里向议员们介绍欧美的政治制度和政治思想，以使他们能够胜任议员的工作，《政理丛谈》应运而生。《政理丛谈》并非政党的机关刊物，它的指导理念高于政党的出发点，其目的是"弘扬真理于天下，以确立无穷之民极"。《政理丛谈》不是纯学术刊物，而具有明确的现实目的性。它企图改良世事，启发民智。据井田进也赴法国详细调查，《政理丛谈》所译著书目的作者大体上"以洛克为根，以卢梭为干……以孔多塞为大枝，以孔德、迪诺耶尔为枝，以与阿科拉多有交往的当代论客为叶，蔚然耸立的大树中各个枝叶都被赋予了固有的位置"。而这一系谱正是将卢梭、孔多塞崇为伟大先人的法国急进主义的流派。也正因如此，陆羯南在《近时政论考》中也认为"《政理丛谈》几乎都是以卢梭主义和革命主义为其骨髓的"。

自由民权运动的理论指导者

法学塾与自由民权运动有着紧密的联系，法学塾所宣扬的法国急进的民主主义是上流民权论向下流民权论转移的指导理论。鸟尾小弥太在《国势因果论》中将民权派分为"上下之两层"。上层民权论的主体是以下野的参议板垣退助、后藤象二郎等人为代表的"老练的士君子"。这一派主张的民权论主要由两个思想要素交织而成，即带有被赶出权力场的极端愤怒的

"渔官意识"和基于无反省的愚民观之上的好战的国权扩张主义。这两种思想要素从一开始就混乱且矛盾地交织在一起。但是，随着民众对事物认识的加深，以正当方式充实国力的健康的爱国主义在自由民权运动中占了上风，基于特权意识的统治者的愚民观也在自由民权运动中逐渐褪去。下层民权论成了自由民权运动的主流思想，而法国急进民主主义则是下层民权论的理论基础。

法学塾的学生中有很多自由民权运动的直接参与者和关注者。学生们在兆民自由教育理念的影响下，思想极为活跃，政治成为他们普遍关心的话题。学塾刊行的《政理丛谈》在当时日本社会风靡一时，成为宣扬法国式民主主义的前沿阵地。久松猥堂曾这样评价法学塾和《政理丛谈》在日本思想史中所占的地位："自由主义的东渐在明治维新前后就已经出现了。而民权论气焰的高涨则是在明治七八年，它的倡导者也另有其人，这是人所共知的事实。但是，在当时的言论界竖起新旗帜，开始将那个煽起法国革命之乱、震荡欧洲大陆政界的民主主义理论输入到日本，引起世道民心前所未有的大变动、大革新的，可以说是兆民居士开设的法学塾和他发行的《政理丛谈》。这绝非夸张。这种新言论的感化力逼近当时的政治改革，事实上在日本社会的革新上也冥冥间打开了一个端口。"

在自由民权运动如火如荼的发展过程中，作为东京屈指可数的知识人，兆民并没有直接参与到这场运动中，而是专心修习学问。他一边跟从汉学大家冈松瓮谷学习汉文，一边从事法文翻译。在此期间，兆民完成了司法省委托翻译的《法国财产继承法》《英国财产继承法》，两书均由司法省出版。更为值得关注的是，兆民这一时期一直从事着卢梭《社会契约论》的翻译工作，其成果《民约译解》从《政理丛谈》第二号就开始不断连载。伴随着围绕宪法和国会开设的舆论的沸腾，《民约译解》被推至顶点，成为"明治前期民权运动的经典"，甚至被评为"明治思想史上的金字塔"。该书为汉文译本，显示了兆民极高的汉文造诣。根据日本学者柳父章的考证，兆民在《民约译解》中所使用的汉文的关键字都是汉语中的一个单字，如"民""约""君""邦"等，这与传统的和汉混淆文极为不同。为了使文体看起来更加自然，也是对日本近代以来大量粗浅翻译造语泛滥的批判，兆民采用了与福泽谕吉的日语通俗文体不同的汉文体，这种文体恐怕在近代以来是兆民特有的。

经过长时间的思考，兆民对卢梭思想的理解也逐渐深刻，通过对卢梭思想的提炼、加深和扩展，卢梭的思想已经成为兆民思想的源泉。兆民的民权思想作为一个基本原理也保证了兆民"千变万化的多样性的言论活动（翻译、报纸杂志、书物出版等）"中的和谐。兆民的一生都没有停止与卢梭《民约论》的对话，就如德富苏峰所说："一篇《民约论》，是君'兆民'的金科玉条也。"透谷则认为："在众多法学者中咀嚼卢梭、伏尔泰的深刻思想，而传入我邦的以兆民居士为最。民约篇的翻译因他之手而完成，而法国之狂暴、郁快之精神亦因他而投入明治思想的巨笼之中。他作为思想界的一位渔师渔获不可谓不多，社会将他视为一部分思想的代表。"

二、甘以铁肩担道义，记者妙手著文章

兆民不甘于一介法语教师的立场，不愿意一辈子埋头在书堆之中，在他的精神深处面对新展现的日本的情势产生出了强烈地将自己的政治理念付诸实践的意志和热情。对于喜欢卢梭等18世纪法国启蒙思想家的著作，并掌握维克托·雨果等人的19世纪法国政治文学的兆民来说，对于学问、知识的实践性作

用以及知识人应当发挥的主体性任务大概已有了充分的思考。特别是兆民作为在野的学者，更具有明确的自觉，明白自己理应负有探究小国日本独立和发展之路的责任和任务。

中江兆民与《东洋自由新闻》

1880年1月30日，兆民在写给正在法国留学的西园寺公望的信中表达了自己想将学术上的思考付诸实践的决心。"我两三年来，以笔墨糊口，以笔墨养心。日日背驰时俗，自不甘枯木朽株，幸好方寸之间，还有未完全死的东西。"在这种思想的指导下，兆民开始有意识地与社会上的民权派人士交往。他与以板垣退助为首的立志社系统的民权家交往密切，与士族民权过激派的机关刊物《评论新闻》也有联系，与民权派的重要代表杉田定一和宫崎八郎更是好朋友。

1881年3月，随着日本国内自由民权运动的发展，宣传自由、民主思想的刊物《东洋自由新闻》也应运而生。兆民就是在这个时候进入舆论界的。实际上，《东洋自由新闻》并不是自由党的机关刊物。在1880年12月于东京筑地的寿美屋召开的自由党恳谈大会上，山际七司等人提出的创办新的民权派报纸的意见遭到了否决。但是，山际七司没有气馁，他联合林正明、矢野骏男、柏田盛文等有志之士私下发起了创办《东洋自由新闻》的活动，从法国回国不久的西园寺公望被大家推举为《东洋自由新闻》社的社长。因为兆民与西园寺是朋友关系，所以他被聘为该报的主笔。报纸的经营、编辑的实权实际掌握在西园寺、松田正久、光妙寺三郎等法国留学归来的新知识分子以及上条信次、松泽林、柏田盛文等具有记者经验的人手中，这使该报充满了浓厚的法国民权思想的气息，朝气勃勃富于生气。当时民权派的政党还没有正式成立，没有强大的政治活动指导机关。在政党成立以前向民众宣扬民权运动的政治方针和政策，让人民理解政治行动的意义，从而促使人民自觉地参与到行动中来，这个任务就落到了民权派所办的报纸和杂志身上。《东洋自由新闻》就是其中的代表。

　　1881年3月18日，《东洋自由新闻》第一号正式发刊。《东洋自由新闻》创立时，自由党还没有成立，"用'自由'二字作为一种事物的名称，大概是从这家报纸开始的"。就像名字一样，该报的办报宗旨是"抨击专制制度，提倡及宣扬自由平等的大道理"。作为主笔的兆民在该报第一期发表的《祝词》中写道："卢梭说人如果没有自由权利，就无法称为人"，自由是人的不可或缺之物。不仅如此，"邦国逐渐强盛、人人都有进取之心的原因，归根结底在于人拥有了自由权利"。兆民认为，自由权的获得方式有很多，归结起来主要有两个途径：一个途径是，使人们富裕起来，能够自己养活自己。另一个途径是，教育民众，使他们懂得道理。而教养民众的根本点在于"国人共同制定宪法，并坚持宪法不动摇"。由此可见，"自由权的亢张"与"宪法的制定"是该报明确关注的两大焦点。

　　西园寺就任《东洋自由新闻》社社长之后，政府十分震惊。太政大臣三条实美立即通过西园寺的兄长宫内卿德大寺实则要求西园寺退出《东洋自由新闻》社，但是此举并未奏效。同年4月8日，宫内省又通过德大寺向西园寺下达了天皇的内敕，西园寺迫不得已在当天辞去了社长的职务。这件事对于《东洋自由新闻》来说无异于晴天霹雳。对此，兆民非常气愤。他一方面不能接受西园寺临阵退缩的做法，另一方面对政府恣意干涉报业发展的行为也非常不满。他在该报上发表了《天之说》一文勇敢地对高高在上的"天"的善恶不分提出了质疑。对于祈求"天"作出这种错误决定的"刻暴凶戾"之人更是给予了无情的批判和嘲讽。在《天之说》中，兆民虽然没有明确地指出"天"存在过错，但我们隐隐也可以感觉到文中对"天"的善恶不分充满了愤慨。

兆民对于天的批判似乎受到了柳宗元《天说》思想的很大影响。对于天的权威，汉以来的儒学主张天人相关，这种观念成为统治者维持权力正统性的根基。而柳宗元却不畏强权，撰《天说》一文，对天人相通观念提出了尖锐的批判。文中指出"天"只是物理性的存在，是无意志的。所以，人们应当将仁义之念置于自己心中，而不应寄希望于无意志的天。兆民的《天之说》与柳宗元的《天说》都贯穿着一种同样的精神，即对于民众层面生存状态的重视。只不过柳宗元的工作在于割断天与人的联系，消除天子的天赋神性，将天子拉入现实的政治秩序中来。而兆民则倾力于批判使天作出错误决定的"刻暴凶戾"者，对于天的不自明，只有一种默默愤慨，对于天的神性，兆民并没有作出彻底的批判。

报社的保护人西园寺公望退出报社后，报社陷入了经营危机。于是报社老板稻田政吉决定4月3日将报纸停刊。《东洋自由新闻》从创刊到停刊共刊出三十四期，虽然存在的时间很短，留下的成果也不是很多，但是在明治前期的舆论界却留下了光辉的一笔。兆民在该报上除了《祝词》署名发表外，其余作品都是匿名发表的。据《兆民全集》编撰委员会成员按照特定的标准认定，该刊刊出的政论如《天之说》《再论干涉教育》《心思之自由》，以及署名为逍遥老人的《国会问答》等共计二十二篇政论均出自兆民之手。这些文章论证深入，文笔犀利，显示了兆民极为出众的记者天分。也正是因为这一点，在《东洋自由新闻》废刊后不久，兆民又进入了自由党的机关报《自由新闻》，负责政论栏目。

中江兆民与《自由新闻》

　　19世纪80年代的政党大致可以分为三派：一派是以自由党为代表的主权在民派；另一派是以立宪帝政党为代表的主权在君派；第三派则是以立宪改进党为代表的，站在中间立场上的主权在君民派。报纸具有机关报的性质，也大体分为三派：（1）自由党派机关报有《自由新闻》《朝野新闻》《日本立宪政党新闻》《大阪每日新闻》等。（2）改进党的机关报有《邮便报知新闻》《东京横滨每日新闻》《大阪新报》等。（3）帝政党的机关报有《东京日日新闻》《大东日报》等。《自由新闻》是1882年6月25日作为自由党的机关报创刊的，板垣退助任社长，成员包括田口卯吉、马场辰猪、末广重恭、田中耕造、中江兆民等人。兆民能够进入《自由新闻》，根据他在《士族政治》一文的说法是，在《自由新闻》发刊之前，有一次他到板垣退助家聚会，表示自己想接手负责《自由新闻》的经济栏目，但是板垣没有同意，所以兆民没有办法只得接手了政论栏目。

　　《自由新闻》的办刊宗旨是向民众普及自由、民主的理念。兆民在《自由新闻发行之旨意》一文中指出要去除两千年来人民卑屈的沉疴，进入活泼自由的境界，就必须迅速讲求道理，亢张言论，开拓人们的智识和见地。只有人民的卑屈之病去除了，文艺之美、功业之富才能够得以兴盛。

　　但是，就在《自由新闻》创立前不久，政府修订了集会条例，加大了对社会舆论和政党的打压力度。集会条例规定，议论有关政治问题而结成的政社以及谈论政治问题的集会，无论以何种名义都必须向警察提出申请，获得许可后方可进行。禁止政治结社设立支社及与其他结社相联合、互通信息。在政府的这种高压政策之下，自由党在1882年6月下旬召开的自由党常委会上围绕是否服从集会条例产生了两种截然不同的意见：一派反对提交申请书，主张解散自由党；另一派主张使用武力与政府进行斗争。就在党内围绕今后的方针争论不休时，作为自由党负责人的板垣退助在后藤象二郎的劝说下，以"今日为农闲之时"为借口出国考察西方立宪政治去了。板垣的出游计划首先在《东京横滨每日新闻》上遭到曝光，立刻引发了改进党派系报纸的强烈批判。自由党内也出现了不理解的声音，并且对板垣出游的经费来源产生了很大怀疑。《自由新闻》社内的马场辰猪更是与板垣形成了尖锐的对立。马场认为："板垣完全无视自由党内聪明且富于经验的多数党员的意见和忠言，出发去了欧洲。这种不可理解的行为的后果，使他失去了依赖他的党员的信赖。"由此引发了《自由新闻》社内部的分裂。9月28日，《自由新闻》社决定解除马场的社员资格，与马场具有相同立场的末广重恭也随后被免职。刚刚创办三个多月的《自由新闻》受到了沉重打击。

9月27日的《自由新闻》上报道："敝社的特约编辑末广重恭此次因故除名，遂以中江笃介充为同员。"10月12日，特约编辑兆民的名字也在《自由新闻》上消失了。而当天兆民就已经离开东京，为设立日本出版公司而四处奔波去了。由此松永昌三认为，兆民从刚开始就不是作为正式社员进入《自由新闻》社的，当社内发生内讧，马场、末广等人离开后，兆民被作为特约编辑列上去，只是一种临时补救的措施。甚至根据当时政府密探的报告，兆民并没有答应将自己作为特约编辑刊登在报纸上，那样做只是板垣随便借名应急的措施而已。这一点也印证了松永昌三的推测。总之，兆民在《自由新闻》任职的时间是在《自由新闻》创刊至1882年10月中旬左右的一段时间里。

兆民在《自由新闻》任职期间，经确认发表了《自由新闻发行之旨意》（6月25日）、《良心之论》（7月6日）、《政党之论》（7月11日）、《官局之习气》（7月12日）、《毫厘之差千里之谬》（7月26日）、《为政者有其所鉴》（7月27日）、《时事蠡测》（7月28日、29日，8月3日）、《争地之论》（8月5日、6日）、《论外交》（8月12日、15日、17日）、《揭发书信秘密之害》（9月3日）、《社长板垣西游》（9月27日）、《告我自由党诸君》（10月1日）、《自由主义之运行》（10月13日）等文章。其中除《社长板垣西游》《时事蠡测》两篇文章之外均系理论性文章，完全秉承了《自由新闻》以理论作为"开拓人民之智见"的办报宗旨。

总之，作为一名思想者，作为一名记者，这一时期兆民为了迎接日本立宪政治的到来，几乎将自己大部分精力都投身于宣传自由民主大义、开导民智之中。兆民对当时日本社会的影响是巨大的。就如血泪居士所说：兆民虽然经常论说民权，倡导自由，但是他并不是自由党党员，他就如同影子武士一样始终扶援着板垣退助和自由党党员，他特别劝勉学生要活跃，"问在我邦东洋卢梭为谁，万人异口同声答曰中江笃介氏也"。

第 5 章

大同团结路艰辛，为国为民志不穷
——中江兆民与大同团结运动

兆民从这一时期开始走出书斋，参与到现实的政治运动之中。作为政治活动家和新闻人，兆民为唤起民众的政治参与意识发挥了积极的作用。

一、大同团结显身手，"放逐令"下运动愁

明治政府打压下民党发展的困境

明治十四年（1881），日本政府施行了松方财政方案，通过向民间发售公有财产来扶植财阀，但人民却因租税的增加而日益贫穷，全国各地的农民骚乱不断爆发。就在社会上需要自由党的时候，自由党却忽然解党。关于自由党解党的原因，主要有三种不同的看法：第一种看法是政府压制说。远山茂树认为，因为政府颁布的集会条例修改案规定政党在地方不许设立分会，进一步限制了集会自由和言论自由，使党的干部与各地党员的交流变得困难，在法律的框架内通过报纸来对政府提出忠告和批判已经不再可能，自由党已经很难统辖党内志士实行

统一的行动，因此自由党最终走向解体。第二种看法是党内矛盾说。服部之总认为：对于贫苦民众因绝望而爆发的反政府运动，在自由党内部并没有指导地方运动从而夺取政权的统一方针，城市无产阶级的不成熟是自由党解体的重要原因。第三种看法是社会经济结构变迁说。堀江英一等人认为：土地所有的形式由国家所有制向寄生地主所有制转化，造成了社会基本矛盾和阶级间基本矛盾的变化，农民阶层内部的对立取代了一直以来的国家与全体农民的对立成为主要矛盾。这是自由党解体的根本原因。

尽管自由党和立宪改进党都先后解体，但是因修改条约运动所造成的民众对于国家密室政治的愤慨却再次引发了民众的反政府情绪。加上宪法发布日期的日益临近，对于宪法的关注也成为推动大同团结运动发展的重要原因。1887 年 10 月 3 日，后藤象二郎召集民间各党派的政客七十余人召开恳谈会，批判现行政治的腐败，成立了丁亥俱乐部，成为民间各党派联络的中枢机关。第二天，各党派有识之士在浅草的井生村楼召开恳谈会，确立了大同团结的目标。

另一方面，政府的让步和政府内部势力的分裂大大鼓舞了民权派的士气，各府县纷纷向政府提出要求言论自由、减轻地租和挽回外交的"三大事件建白"。建白运动由土佐的代表首先发起。1887 年 10 月 27 日，土佐的片冈健吉、山本幸彦、坂本直宽作为递交建白的代表首先抵达东京，而后他们联合二府十五县的四十余名代表在京桥新肴町的开化亭会合，约定 11 月 10 日之前在各地举行上书建白活动，并派代表上京召开全国建白运动大恳亲会，而后建白运动与大同团结运动合流。经过一系列的准备，11 月 15 日，在浅草的欧游馆召开了有志者大恳亲会，有近四百人参加了这次会议。土佐派的片冈、坂本、林有造等十四名成员，旧自由党党员以及非自由党的末广重恭、大石正巳以及改进党的尾崎行雄等人都出席了这次会议。会上正式讨论了三大事件建白的实行问题。各地已经沉滞的民权组织经土佐派三大事件建白的提倡而逐渐活跃起来，纷纷向府厅提出建白，这些建白的内容十分丰富，不仅包括三大事件，还涉及宪法、内政、外交、兵役等多方面内容。同年 11 月、12 月，各府县的代表和壮士纷纷上京向元老院递交建白书，访问大臣、元老院议员、宫中顾问，要求当面陈情。

中江兆民与大同团结运动

兆民这一时期也表现出了对现实运动的极大热情，他积极地参加了大同团结运动和三大建白运动。寺尾方孝认为，兆民之所以开始参加现实政治运动的原因在于：首先，政府正在秘密酝酿以普鲁士宪法为蓝本的钦定宪法。而与此相对，民间政党却由于相互攻击而自我解体，产生了对民权发展极为不利的状况。正是这种不利局面的出现，使在运动的高潮期专门宣扬理论的兆民开始参与到实际的政治运动中，企图扭转现实的不利局面。其次，想要在立宪制下实现"共和国"理想的兆民对宪法发布和国会开设抱有期望，但是不断相互倾轧的政党运动的现状以及对预想的普鲁士式宪法的担忧，促使兆民在"机不可失"理念的指导下采取了实际的行动。

兆民于 1887 年 11 月下旬与法学塾时代的弟子小山久之助一同赶赴长野县出席在那里召开的有志者恳亲会。不擅长演讲的兆民在恳亲会上发表了简短的讲演，在讲演中他劝说各政党在日本"危急之时"应当化解相互矛盾，达至大同。他认为，无论是"帝政党"也好，"自由党"也好，"共和党"也罢，在"俄国欲取函馆，英人欲取巨文岛"的国际危机下，在明治政府"万一，万万一如果做了坏事"的国内政治危机之时，应当相互化解芥蒂，停止争斗，达至"大同"。他说："兄弟阋墙共御外辱",只有停止兄弟间的争斗,才能够成就天下大势。

兆民不但参加了大同团结运动,而且与星亨、尾崎行雄、大石正巳、片冈健吉等人成了运动的核心推进力量,可以称之为站在运动前列的理论家。从长野回到东京后,兆民在后藤象二郎的授意下,代笔撰写了长篇的意见书,经宫内大臣土方久元递交给天皇。文中指出:"今日国家能称为国家大事者"就是日本在条约修改会议上的失误,这种失误表现为以下几个方面:(1)外交条约的修改本应维持国家的独立和发扬国家的名誉,然而在会议上日本受外国谈判代表的牵制,丧失了"与一国独立有紧密关系的立法和司法两大权利"。(2)内阁大臣不将这些情况"告之于陛下,也不示之于人民",这是外交上的秘密主义。(3)更重要的是"内阁大臣如此误国家之大事"绝不是一时的偶然,近年来的内政外交状况都是如此。内政外交"从来没有一定的目的",处理国务"模棱糊涂",招致"外人之轻蔑",也必然导致"国民的愤怒"。所以,内阁大臣应当辞职谢罪。

该文认为日本政府在内政上的失误更是不胜枚举。言论集会的法规非常苛刻,上书请愿的条例也异常严厉,"赤子之心"不可达"九重之上",这有违万机决于公议的誓言。在财政政策上,最近几年人民生活悲惨,但内阁大臣仍利用种种借口增加税赋。尽管扩张陆海军是必须依靠全国力量来完成的,内阁也以此为借口来增加租税,但是他们把所征收的税金用在"兴不急之土木,张无用之观瞻"上,以至于急需用钱的国防经费却无处着落。另外,政府诱导地方豪富捐钱以充实国防,这种"悬赏募金"的方式是旧幕府的重要弊政之一。在国家逢非常之难时,国民自发向政府捐钱是应当赞美的,但是"在国家无事时"施行这种拙劣的政策就是有伤国体了。

该文认为内阁大臣在内外政策上的频频失误不是因为别的,就是因为大臣们都不是可用之材,他们"对陛下不忠"

"对人民不仁"。他们专门以姑息卑劣的手段保全自己，心中想的就是自己头上的乌纱帽。这样的内阁成员都应当引咎辞职，以谢其责。文中劝说天皇应当召一个值得信赖的人入宫，命令他组阁，以使政治面目一新，匡正现在内阁的失误。并且应该再次召开条约修改大会，只有这样才能够"开散天下磅礴的不平之气"，稳定政局。如若不然，"我日本帝国异日溃决横流，或祸延及皇室也未可知"。在这封向天皇呈递的建议书中，兆民从内政与外交两个角度攻击现任内阁的同时，也较为系统表达了三大建白运动的主要宗旨。从另一个方面讲，兆民能够作为如此重要文件的执笔者，足见他在大同团结运动和三大事件建白运动中理论指导者的不容置疑的地位。

被政府驱逐出东京

后藤象二郎的上书以及 12 月 15 日九十余名代表向元老院提交的建白书将伊藤内阁推到不得不全体辞职的境地。伊藤内阁为了打开局面采取了非常手段，在 25 日晚的官报上突然发表保安条例，宣布即日实行。根据保安条例规定，四百五十一名人士被视为危险分子被驱逐到皇宫三里之外，其中包括林有造、尾崎行雄、星亨、中岛信行、中江兆民等民权运动的主力人物。

兆民于 30 日从东京出发来到大阪。他在临行前写给免于放逐的末广重恭的信中表达了自己当时的心情。他为自己被视为豪杰人士的同类而受政府驱逐感到"实在耻辱"，觉得自己对于"近来政府之纲纪松弛赏罚不严正"的批判也并无"特别的恶意"，自己拿出的是治病的良药，也"没扔炸弹"，被驱逐完全是一个"大错误"。

二、虽困一隅志不改，兆民意气斥方遒

在保安条例发布后，大阪成为民权运动家的重要聚集地，舆论也因此一下子活跃起来。"关西日报有末广重恭、森本骏，大阪每日有柴四郎、竹内正治，大阪公论有织田纯一、西村时彦，经济评论有池边吉太郎等诸君"，他们竞相攻击政府，逐渐使大阪成为反政府运动的据点。

中江兆民与《东云新闻》

《东云新闻》于1888年1月创刊，兆民任该刊的主笔。此外，《东云新闻》还汇集了栗原亮一、宫崎梦柳、植木枝盛、江口三省、寺田宽、户田猛马等民权派人士。兆民在该报负责社论栏目，但偶尔也在评论和外界来稿等栏目发表文章。当时兆民以"如天马行空"的"神韵之文"蜚声关西地区。

中江兆民在《东云新闻》发刊词中具体阐述了该报的办刊宗旨：在国会即将开设的情况下，向明治政府的官僚和大众详细讲述"国会为何物"。兆民认为国会是欧美国家的"产物"，在亚洲还没有出现过，而日本作为第一个设立国会的亚洲国家必然会"增进国家的光华"，"增加国民的福祉"。但是，如果将来的国会只是有其形而无其实的机构，那么不仅人民将要为它所累，而且也必然招致旁观的外国人的嘲笑。另外，《东云新闻》也秉承了民权派联合的大同团结精神，主张自己不是站在其他报纸的"畏友"或"益友"的立场上的，而是想与其他报纸一起致力于"自主之义""自由之理的亢张"。

兆民在该报上发表的文章主要涉及政治、外交和经济三个方面。有关政治的文章有《国会论》《良、乱、勇、惰四民之

分析》《政治思想的张弛》《贵族院的权限》《大同团结》《枢密院与元老院》《枢密院》《新民世界（一）》《新民世界（二）》《告士族诸君》《再告士族诸君》《三告士族诸君》《告工族诸君》《政党论》《论地方官》《再论地方官》《平民》等；有关国际政治的文章有《国不问文明与野蛮》《论外交》《意大利和法国》《再论意大利与法国》《西班牙国》《再论西班牙国》《俄国》《再论俄国》《再再论俄国》《瑞士国》《奥地利国》等；有关经济的文章有《给大阪小商业者诸君的希望》《告农族诸君》《告明治的豪商》《租税》《实业家与政治家》《再论实业家与政治家》等。通过这些文章，兆民试图使民众加深对近代社会的了解，好为国会的开设奠定民众的思想基础。《东云新闻》时代，兆民的"意气和文章正值冲天之势。先生日挥如椽大笔痛论时事"，积极参加各种恳亲会和演说会，直接推动民众运动的同时，也加深了与各阶层指导者间的对话和交流。

《东云新闻》与大同团结运动

大同团结运动并没有因为保安条例的颁布而停止，后藤象二郎在 1888 年 6 月创办了大同团结运动的机关杂志《政论》，使该运动重新迸发出了活力。后藤亲自巡游全国各地为大同团结运动作宣传。《东云新闻》对此十分关注，跟踪报道了大同团结运动的一系列动态。1888 年 10 月，栗原亮一和菊池侃二等人在大阪组织召开了全国有志者大恳亲会，以西日本为中心的三府三十二县的四百多名代表参加了这次会议。会议重申了大同团结运动的宗旨，即团结各党派、停止相互间的争斗。无论哪个党派都抱有相同的信念，大家都认为"自由主义是公平，平等主义是公平，立宪政体是公平"，它们的共同敌人是"封建政治的余毒"。这种封建病具体表现为派系间的对立，经常将"江户人""东北人""九州人""大阪人""四国人"
"立宪改进的人""旧自由党的人""国粹的人"等挂在嘴边。
它阻碍了日本政治的进步。

在恳亲会上也提到了日本当时面临的政治、经济等一系列
问题，其中最大的问题就是当政的人应当"不戴洋帽，不要马
车，不要随行人员，唯带书记官一名"，巡游地方，到百姓家，
到职员家调查探访。兆民认为，只有亲身体验下层人民的生
活，倾听"积有齿屎"的农、工、商人的意见，才能制定出好
的政策；光听政治家和个别实业家的话什么也发现不了。

这次会议的讨论结果可以归结为两个方面：在要打破的方
面，要打破国家公事与个人私事的混同、妨害政治机关运转的
私情。打破用旧君主、出生的故乡、阶级、职业等"偶然产生
的社会壁垒"、将异己者全部视为政敌的陋习。打破因上下地
位的不同而产生的敌视之念。在一致同意的方面有，要尊重宪
法，因为它是与国家休戚相关的法律，但是也应当对它进行研
究，在法律允许的框架内可以言论自由。财政是国家最大的事
情，无论理论上，还是实际上都要尽量研究，反复探讨。另
外，条约修改也关涉国家权力的消长，作为人民也要详细考
究。以上各条就是大同团结的具体条目。

中江兆民的宪法观

就在各地的大同团结运动蓬勃发展的时候，1889 年 2 月 11
日颁布的《大日本帝国宪法》给运动的发展带来了巨大影响。
对于宪法，兆民有自己独特的看法。他批判民众只看重宪法的
形式，而不见内容的"愚狂"。幸德秋水说："明治二十二年
（1889）春，宪法发布，全国的民众欢腾雀跃。先生感叹说，
吾人被赐予的宪法归根结底是什么东西呢？是玉啊，还是瓦
啊？还没看到它的本质就先为它的名字所陶醉，我国国民的愚

狂何以到了如此程度。"对宪法的内容，兆民不敢苟同，"通读一遍唯有苦笑而已"。他曾经说："看，我们在宪法上被赋予了什么？议会有什么权力呢？内阁不是对议会没有任何责任吗？上院不是与下院拥有同样的权能吗？内阁不是常常超然于政党之外吗？条约的缔结不是议会也有不知道的吗？宣战和媾和不是人们也不知道吗？预算协赞之权不是也为上院夺去了一半吗？若如此我议会不仅不足以伸张民权，而且他日也只会变成政府的奴隶而已、内阁的爪牙而已、堕落腐败而已。所以，我们不能不马上要求修改宪法。"他曾经对在野的政治家讲，我们应该趁宪法基础没有巩固之际，"击破它""若此膝一屈，就不可再伸，机不可失"。

但是，在公开的新闻政论中，兆民于1889年只发表了五篇与宪法颁布有关的文章：《关于宪法发布之愚衷》（2月8日）、《对宪法发布盛典的人民的喜悦》（2月10日）、《祝宪法发布之余泽》（2月13日）、《伊藤博文君关于此次宪法的演说》（2月14日）以及"放言"栏目的一篇文章《宪法发布乃吾邦未曾有……》（2月9日）。在《关于宪法发布之愚衷》一文中兆民指出，宪法与国会对一个国家来说是非常重要的。"盖宪法为国家的筋骨，国会为国家的肺肠，因此无宪法无国会的国家就不是真正的国家"，可以将它称之为是由"尊严如鬼神的君主"与"鄙污如蛆虫的人民"打成一团而形成的聚合物，它是"无骨筋、无肺肠、无皮毛、无眼鼻、蠕蠕然匍行的一个无血虫，是动物中最低等的东西"。只有在宪法发布、国会开设后，人民的头上才贴上了"灵慧动物"的"标签"，人民才成为"五尺之躯的男儿"。同时这次宪法的发布只是"我圣天子的恩赐，贤宰相的赐予"。在此之前为宪法的发布抛头颅洒热血的众多有志之士也不失忠君爱国之赤诚，他们的狂暴也只不过是"忧国之心"的一种表现，所以朝廷应当撤除对他们的严厉处罚。

而在《对宪法发布盛典的人民的喜悦》一文中，兆民批评了宪法发布后人民狂喜的心态，就如同"爱妻临产还未分娩，就早早料定生的是男孩而欢呼雀跃的丈夫"一样，人们只是对宪法充满了"希望心"，却没有仔细地研究宪法的实情。另外，这种"希望心"本质上就是"利己心"。它主要体现在两个方面：其一，希望经济上变得富裕，直接或间接缓解囊中的羞涩；其二，希望政治上的自由可以免除"心思上的几分束缚"。但是，政府颁布的宪法能否满足人们的这些希望呢？人们辛辛苦苦将它"担回家里"，打开盖子，出现的却是"妖怪"。这大概不是人们所想看到的。

总之，兆民对于明治政府公布的宪法本身并没有作太多具体的分析与评论，基本表示了沉默。这种沉默也从侧面体现出了兆民对明治宪法并未心悦诚服。

第 6 章

议员群中一异类，"秽多"眼中大英雄
——议员时代的中江兆民

一、"秽多"民选代言人，伸张权利敢担当

出马竞选众议院议员

宪法发布后不久，1889 年 2 月 11 日，政府公布了众议院议员选举法。选举法对被选举人的资格作了苛刻的限定。"日本臣民之男子满三十岁以上，从制作选举人名簿之日起在选举府县内居住满一年以上，直接缴纳国税十五日元以上并仍可继续缴纳的人"。很多国会开设运动以来在东京活跃的活动家，因为早就失去了与地方上的联系而丧失了竞选资格。如福岛出身的河野广中就没能满足纳税十五日元以上的条件，后来经过后援者更换了土地的名义人才好不容易成为候选人。植木枝盛也存在着生活费的来源是党的事务所提供、在选举地没有一年以上纳税经历的问题。当然，兆民本身也不符合法律规定的参选条件。但是在宪法发布后不久，大阪府东成、住吉两郡的有志之士纷纷劝说兆民出马参选议员，兆民以国会议员的工作

自己并不擅长为由婉言拒绝。然而时过不久，西成郡的人也来劝说兆民参选，甚至提出了即使共同出资也要使兆民当上该郡议员的想法，在盛情难却的情况下，兆民坚定了出马参选国会议员的决心。他将户籍迁到大阪府西成郡，于3月29日向政府提交了转籍和所得税报告。

中江兆民与部落民

大阪府的东成郡、西成郡和住吉郡都是部落民的聚居地，兆民在没有参选国会议员之前就已关注部落民的问题。他在1888年2月14日的《东云新闻》上发表了《新民世界》一文，文中尖锐地指出了"平民主义"的局限性。他说部落民"秽多"是日本最下层的"种群"，明治维新后取消了"秽多"这一称呼，称他们为"新平民"。"新平民"也是生活在日本的土地上，呼吸着日本的空气，生活在日本的政治制度之下的人，他们的自由和民主权利是不能被剥夺的。然而，所谓的"平民主义"归根结底是具有贵族性的。"平民"是相对于贵族而言的，但是其中仍然包含着贵族性。兆民认为新平民与平民、贵族本质上并没有差别。身份与工作的种类并没有必然的联系。新平民中有"剥死兽皮"的人，而平民中不也有剥死人皮的人吗？为什么将剥死兽皮的称为"秽多"，而将剥人皮的称为"医师"呢？新平民对社会的危害并没有其他阶层认为得那么严重。新平民中有"褫死人衣服"的人，但平民和贵族中则有"褫活人衣服"的人。新平民中有乞食的人，但平民和贵族中有乞讨奉给的人、行贿的人、受贿的人和凭借官势经营私利的人，一切罪恶的字眼都可以在其中找到；从家系上看新平民也与平民和贵族没有什么差别，他们的祖先不是"伏羲"就是"神农"，要么就是"亚当夏娃"。生理构造上，新平民也与平民和贵族完全相同。所不同的是拥有知识的不同，但是新平民中也有有知识的人，他们住进了高楼，乘坐上了马车，而平民中也有拾废品的人。兆民认为："平等是天地之公道，人世之正理"，平民主义必须摆脱"习惯"和"自家心性"的束缚，才能够实现真正的平等。

兆民在行动上也支持被差别部落民的发展。在《东云新闻》担任主笔时，兆民与西成郡西滨町的部落民就有很深的交往。实际上，西滨町很早以来就与自由民权运动紧密地联系在一起了。该町作为日本最大的被差别部落从幕府末年就有要求解放的呼声。进入明治时代以后，西滨町为争取受教育权和编入郡县也激烈地抗争过。西滨町与大阪自由党有多年的交往，与1885年发生的"大阪事件"也有关联。作为全国皮革产业中心的西滨町非常关注皮革的进口地朝鲜的动向，因此有资料认为西滨町大概对"大阪事件"给予了资金上的支持。兆民与河谷正鉴等人在西滨町的正宣寺发起创建了"公道会"，吸收了一千余名町民成员。兆民在"公道会"中批判世人仍动不动就蔑视新平民的不良风气，劝说新平民应该积极地伸张自己的权利，因而受到了新平民的尊敬。明治二十二年（1889）五月，为了参加大同团结大会来到东京的兆民曾带领随行的新平民森清五郎等人去拜会后藤象二郎，当时恰逢板垣退助也在当场。席间兆民对后藤象二郎说："老爷腐化了。"对板垣说："老爷也腐化了。我自今以后，就是最无忌惮地向世之腐化者进呈口诛笔伐的人。"说罢拂袖而去。听了他的话，后藤和板垣两个人一时呆呆地立在当场，无言以对。更值得一提的是，让原来的"秽多"、现在的新平民与正四位的伯爵板垣退助和从二位的伯爵递信大臣后藤象二郎同席而坐，只有兆民才能做出这种惊世骇俗之举。

总之，兆民在为新平民争取权利上的所作所为赢得了新平民的尊重和支持。1890年7月1日，日本举行了第一次众议院议员大选。当时大阪地区共有四个选区，第一区是西区，第二区是北区和东区，第三区是南区，这三个选举区每区候选人定员为一人。而第四区是西成郡、东成郡以及住吉郡，这三个郡候选人定员为两名。兆民以一千三百五十二票高居第四区榜首，顺利地进入了众议院。兆民当选后，大阪府第四区的有志之士让兆民穿上红色的衣服，坐上人力车，绕着西成郡、东成郡、住吉郡环行一圈以表达竞选胜利的喜悦心情。

二、翼赞议会"无血场"，愤弃议职－醉人

众议院中的民党生存之道

在众议院议员选举中，民党庚寅俱乐部共有一百一十四名成员当选（大同俱乐部六十二名，爱国公党三十三名，自由党十九名），仅占众议院议员总数的三分之一强，即使联合九州联合同志会十五名议员也未过半数，与立宪改进党五十名议员联合才刚刚达到半数。因此，为了与政府相抗衡，联合其他小党成为开设国会之前民党面临的最重要的课题。

正当民党联合逐渐进入实质性阶段的时候，政府于1890年7月25日颁布了《集会及政社法》，企图以此阻止民党联合阵线的形成。这个法案的第二十八条对民党联合运动的影响极大。该条规定：政社不得以散发文书诱导公众，不得设置分社或与其他政社相联合、通信，违法的政社委员和该社的工作人员处以一个月以上一年以下的监禁并处五日元以上五十日元以下的罚金。这个法案实质上加大了对集会和结社的打击力度。在这种情况下，"恐怕所有的政党运动都变得不大可能了"，唯一的一条出路就如兆民所说，"脱从来党派之旧窠"，"以公明开阔的心胸组织合并成一个大政党"。

自由党于 7 月 30 日在全体党员一致同意的情况下宣布解散，目的是在自由主义的旗帜下建立一个进步的大政党。这不仅是大井宪太郎所热心追求的长远大计，也是中江兆民追求的目标，他积极地在各党派之间斡旋。但是，在实际实行过程中由于旧自由党派与立宪改进党在条约修改方面的分歧以及两党素来感情上的对立而未能实现彻底的合并。8 月 27 日，民党中支持政党联合的自由党、大同俱乐部、爱国公党和九州同志会四个党派在向岛八百松楼召开了立宪自由党大恳亲会，会上任命栗原亮一、河岛醇、末广重恭、中江兆民为党议党则的起草委员。

兆民等人起草的《立宪自由党的趣旨》中指出，政党的"分裂交讧"以致相互"反目"是不利于"完善立宪制度"的，应当解散从来所属的党派，"洗拭感情的云雾，然后相互结合，组织一个新的政党，依凭自由之大义，遵循改进的方策，来增益君民上下的福祉，亢扬舆论的势力"。虽然立宪自由党在组织形式上没能建立与立宪改进党的联合，但是为了日后在议会中两党携手合作，在立宪自由党的建党宗旨中已经体现出了自由党所遵奉的"自由"与改进党所提倡的"进步"相融合的倾向。

9 月 15 日，在芝公园弥生馆举行了立宪自由党成立仪式。由于立宪自由党中反对与改进党协调的日曜会派与山际七司等国权论者在会场上捣乱造成会场混乱，成立大会不得不匆匆闭会。不仅如此，远藤秀景联合三十二名同志提出了反对趣旨书的意见书，文中指出："自由主义之贵，在于扩张民权，欲扩张民权必先期国权之完全，所以不重国权的党派就如剪其叶除其根，无法期望它萌发出枝芽来。"不久，远藤秀景和山际七司等人脱离了立宪自由党，组织成立了国民自由党。

兆民对于立宪自由党内依然派系林立的状态深为失望。他在接受时事通讯社记者采访时表明了这种失望的心情。兆民认为派系的林立与自己致力于民党统一的初衷背道而驰。自由党与改进党并没有本质的区别,双方不应该这样持续地激烈争吵。兆民认为现在日本的政党"都是豪杰党",但是在 19 世纪不需要"豪杰"。对于壮士们所主张的国权主义兆民并不完全赞同。他认为,国家兵备是站在不被他人施暴的防御的立场上而准备的,像这种"保护"是"交际"上的必要之举。但是,"募集壮士,隐然教唆暴行",就如同中古时代的瑞士雇佣兵骚扰欧洲一样令人担忧。面对立宪自由党党内的统一渺茫无期,日曜会会员们又主张使用"腕力",又"吵"又"无腕力"的兆民在与壮士的对决中终不免被压制,所以他只好选择了"休假",不加入立宪自由党。

沉默寡言的众议院议员

在众议院中兆民干得也不是很顺心。兆民除了负责起草开院仪式的奉达文之外,基本没承担其他重要的工作。兆民每日列席会议,作为议员的他都是"如眠如醉""沉沉默默",好比"笼中哑口无言的铃虫"。但是另一方面,作为"兆民居士"的他又每天以批评家的眼目敏锐地关注着周遭的一切,就是所谓"醉枕议院之几,醒握批评之笔"。他在《自由新闻》上连续发表了七篇《议员批评》,犀利地批判了议会中议员们的表现。兆民认为议会不仅是"议员的试金石",也可以"测量自由、改进、大成各派韬略的深浅"。

1891 年度政府财政预算的审核问题是第一次议会的核心问题之一。1890 年 12 月 27 日,预算委员会对政府预算案审议完毕,并在第二年 1 月 8 日召开的众议院全体大会上作了最终报告。这份审定案否定了政府原案提出的九千四百万元的预算,要求缩减经营预算八百八十二万元和临时预算六十万元,合计九百四十余万元。按照宪法第六十七条规定，这个审定案在没有得到政府同意前是不能成立的。第二天，松方正义大藏大臣在众议院全体会上明确反对预算委员会提出的审定案。对松方正义的这种做法兆民批评道：松方大藏大臣"未经议会同意就率先陈述政府的意见"，这在"道德"上是讲不通的。兆民认为对于大藏大臣的讲话，立宪自由党的议员不应该"逡巡"和"沮丧"，议定的数额不可以依从政府的意愿而有所变化，要不然议会岂不成了有名无实的"翼赞"议会。而且此次缩减经费的名义是正当的，既没有妨碍行政机关的日常工作，又能使民力得到休养。这样做不是"以得到政府的同意为目的"的。议会应代表民意，不应该是内阁的"忠臣"，不能因为政府不同意就作出让步。兆民认为在政府的压力面前，立宪自由党的议员应当"定部署，定韬略，一呼而起，以图达到全胜，而不可他顾"。这份审定案就是我党的旗帜、大炮和刀枪，就是我党的"性命""主义"和"目的"，它与立宪自由党议员头上闪耀的"平民主义"的光环是表里一体、合而为一的。

但是，兆民的希望落空了。在政府的压力下，围绕着审定案立宪自由党内部首先发生了分裂。兆民拜访板垣退助、星亨、大井宪太郎，希望借助他们的力量调和党内各派。在板垣的调停下，站在反对派立场上的"宾馆派"表示同意支持审定案。然而，政府瓦解和削弱民党势力的活动一刻也没有停止过。2月4日，政府命令立宪自由党的机关刊物《立宪自由新闻》（兆民任该报主笔）停刊。民党势力再次受到沉重打击。

在这种情况下，2月20日，大成会的天野若圆议员向大会提出了一个动议，要求众议院决定削减政府财政预案之前应当取得政府的同意。被兆民批评为"大风里放屁"的这个动议以一百三十七票赞成，一百零八票反对得到通过。立宪自由党内林有造、植木枝盛等土佐派议员也投了赞成票，背叛了立宪自由党。"土佐派的背叛"使兆民通过宪法点阅来对宪法进行重新解释，从而使他心中民主政治理想的多年努力付诸东流。为此兆民非常气愤，他批评这样的议会简直就是没有血性的"无血虫的陈列场"，简直让人无法忍受。没过多久，兆民以"酒精中毒"为借口辞去了众议院议员的职务。中岛信行议长和在东京要求修改地租的来自大阪府的请愿者都劝说兆民不要辞职，但兆民最终还是没有改变自己的决定。对于这件事有文章这样写道：兆民之"仙骨"岂可为"尘垢"所污染，兆民是"仙"但绝不是"寻常之仙"，兆民是"俗"却也不是"凡俗之俗"，兆民的行动俨然就是"无血虫的杀虫剂"。

就在兆民对东京的政治丧失信心的时候，1891 年 4 月 20 日创刊的北海道《北门新报》招聘兆民为主笔，他欣然前往。他曾撰文表达此时的心情，称自己一年三百多天，在内阁、国会、政党、选举、竞争、离间、谗诬等瘴烟中呼吸，几乎将要窒息了，为此有必要赶往空气新鲜的北海道以"增进自己的健康"。兆民在《北门新报》上发表的文章并不多。而 8 月上旬因为《北门新报》社社员村上祐受贿事件，兆民与该报的负责人浅羽靖之间产生了矛盾而愤然离职，不久就踏上了经营实业的道路。

第 7 章

高谈阔论经世策，商海浮沉难圣贤
——作为实业者的中江兆民

一、富国富民当如何，满腹经纶一书生

兆民对经济颇为自信，他虽没有系统学习过西方经济学，但对西方经济学思想知之甚深，英国的史密斯、穆勒、李嘉图，法国的杜阁、萨伊等著名经济学家的思想常被他信手拈来。

前期的经济思想——富国富民论

兆民认为，尽管经济活动看似"变幻莫测"没有端倪，但"其必定遵循一定的理法"。他的经济思想可以称为富国富民论，主要包含三个前提假设：19 世纪的经济与政治不可分离、经济之自强是日本独立的重要途径、19 世纪的经济与学术不可分离。农工商业全面发展、充实资本、培养人才是富国富民论的主要内容。

兆民认为在 19 世纪经济的发展与政治已经不可分离。兆民

在《再论实业家和政治家》一文中指出，19世纪的经济是政治的附属品，农民、工人、商人不仅要懂得经济原理，还应懂得政治原理。人民需要懂得自己缴纳的租税被政府怎样使用的，人民需要学会判断执政者素质的高低、辨别法律的良否、了解世界发展的大势。

在兆民看来，经济实力的增强是日本获取国家独立的重要路径。自从日本开国之后，整个国家被卷入"欧美财利的大波澜之中"，竞争中处于劣势使日本饱尝被欧美列强榨取的滋味。兆民认为，国际关系中最为重要的关系是强国与弱国的关系，而区分强弱的标准很大程度在于"货物生产"的多寡，"戎阵之争"最终不外乎"生产之竞争"。

兆民认为19世纪经济与学术已经不可分离。兆民在《告工族诸君》一文中指出，日本工业的发展必须与学术相"联姻"。19世纪只有依靠学术之力的工业今后才可能兴盛，只有理化学所分娩出的货物今后才可能增殖，不资学术之力盲目因袭旧习而建成的工业除了渐次死灭之外，没有好的命运。以化学工业为例，它的原材料是空气、阳光等极为容易获得的取之不尽的东西，但一经将它们放到"学术的锅中"就可以变成"有用品"，进而转化为"货币"。从国际贸易上讲，"文化劣等的国家"出口的都是便宜的原材料，而"优等的国家"出口的多是昂贵的"精制品"，从而形成了国际贸易上的不平衡，所以建立依托于科学技术的大工厂才是工业发展的当务之急。

兆民认为，木户孝允、大久保利通、伊藤博文、大隈重信等人推行的"盲目进步"的国家发展路线，只想将日本建成"法制国家""军事国家"，而没有想把日本先建设成为"经济国家"，从而造成日本现在只有运送货物的"车"而没有货物。日本的农业也好，工业也罢，增殖不显著，产量与十年前没多大差别。兆民认为振兴实业的要件不一而足，其中最重要的是充实资本和培养真正的实业家。所谓充实资本并非指充实财货的绝对值，而是要增加投入生产事业的资本总额。兆民认为日本财货的绝对值与欧美诸国相比并无特别大的悬殊，但财货中专门用于生产事业的资本却占很小比例，国家财政税收主要用于偿还公债的巨额利息，公债一般被用于政治改革和扩充军备，很少被用于实业。并且公债利息的获得主体是华族、高官、豪商、豪农等所谓"金满家"，因此，虽然国家资本年年增值，而生产事业的振兴幅度却不大。

兆民认为"滋养一国元气"，农工商三者无论哪一方都不可或缺，而其中最有力的唯有商业。而日本要发展商业必须克服两大弊病。其一，商业意识落后，仍未脱"商工乃末、贱业"的陋习。其二，商业行为不道德。日本商业大多是"投机的营生"，而非"有信用的营业"。日本商业若想立足于世界，商人们必须"修商法学，究商理，蝉脱因袭旧惯的陋习，以信用为本"，商人应当有"商德"。所谓"商德"主要包括"机敏""信用""忍耐"三个方面，不具有这三个德目就不能称为真正的商人。只是商人自身获得了"自活之道"，而小到市府不得繁盛，大到国家不得繁荣，这种商人是"人文尚未完全开化之国"的商人状态。

兆民认为，在19世纪的工业是一国商业发展的基础。19世纪由于汽船、火车等水陆运输工具发达，经济活动上的邦国界线已经消失，整个世界被连成一体，古昔交通不便时通过"冒险"将甲地的商品贩卖到乙地，再将乙地的商品卖到丙地的传统商业面临着挑战。当今一个国家商业的强盛其后面必然有工业做支撑，这是经济发展的规律。

中江兆民还认为农业对日本发展至关重要。日本农民收入不平衡和租税负担过重是农业发展面临的两大困境。为解决这些困境，兆民提出了以下方策：首先，由"家道富裕"的农民

"聘农学士，召化学士"，实施"渐次改革"。兆民认为虽然农业是"顺从造化而获利的行业"，但是利用19世纪的学术可以解决农民靠"实际经验"所不能解决的问题。其次，奖励农业。在各府县设立"劝农课"或专门设置一个官职来负责处理农业事务。再次，改革以往不管土地实际情况什么作物都种的习惯，施行"田亩分业"制度，根据土地特征种植适合的作物。而最直接有效的方策则是减轻地租。

兆民指出，要振兴日本经济必须培养真正的企业家。他鼓励农工商业者自食其力地发展，反对政府高官与政商相勾结。1882年，北海道官有财产民间发卖事件曾经引起日本国内舆论界一片哗然，时隔五年后的1887年东海道铁路民间发卖事件又一次引起了世人的关注。兆民认为以华族为代表的政商通过与政府相勾结而投机致富的行为并不能给国家和社会带来任何益处，也不能真正地振兴民族经济。资本是物的因素，而资本家属于人的因素。相比物的要素，人的要素更重要。如果没有有经验的资本家，即使资本再雄厚也得不到有效的利用。在经济领域也应该有像政治和军事领域一样培养人才的教育机构。欧美诸国教育发达，有专门培养"生产经营专家"的专业。日本"百事草创"不能迅速建立欧美那样完备的制度，但也需要真正的"企业家"来振兴实业。这些人不仅"能掌握市场需求供给的平衡来进出口货物，而且对内还能役使众多职员工人各司其职"。这对于振兴日本经济是非常关键的。

后期的经济思想——保护干涉主义经济论

中日甲午战争后，兆民的经济思想发生了很大变化。兆民认为国家的百年大计就是"提高生产力这一事情"。日本当前的弊害不在于缺乏货币，而是因为生产力低下。对于制造业来说，要提高商品的竞争力，主要靠两方面：其一，依靠科学技术使商品物美价廉。但是普及科学在日本面临着很大困难。日本社会对物理和化学的需要还不广泛，获得理学士学位的人，普遍进入的是教育界，很少能够进入实业界。因此，应当加强企业家和学者之间的联系。另一方面，实业家应该熟悉销售地区的人情和风俗，迎合消费者的喜好。日本的实业家应该合理利用本国的自然资源，利用长达数千里的海岸线来发展水产业，利用广袤的田野来发展畜牧业。另外，兆民认为提高人民的素质，改变放肆、怠慢、容易满足的不良习惯也是提高生产力不可忽视的方面。欧美各国的强大与这些国家人民的勤劳和不懈努力是分不开的。大国人民与小国人民的区别，不在于国家疆土的大小，而在于人民的"气质"与"胸襟"的大小。

兆民认为在20世纪要实现日本的富国，除了向中国和朝鲜多投资，然后利用所得来发展国内工业增加出口之外，没有其他办法。日本的工商业者不应当只专注于面向内地的商品制造、贩卖，也应当致力于出口货物的制造和贩卖。日本的外交家也应当凭借陆海军备的充分后援，毅然挺进列强的行列，尽早结束中国大陆的混乱状态。兆民还认为比起西方列强在亚洲的争相割地，达成协议、相互媾和来打开本国商品的销路才是人道的行为。日本的外交家应当像欧美的外交家一样，不仅要谙熟外交礼仪，心中还要了解自己国家和其他国家商品贩卖的通道。日本不光要向欧美出口生丝，还要鼓励日本全国的实业家进军中国大陆，与列国展开贸易战，从而在国际贸易上取得更大的成功。

兆民认为政治与经济上的自由应当相区别。经济上自由放任的曼彻斯特经济理论在日本官民各界"流毒太久"了。曼彻斯特经济理论导致日本经济发展极其不平衡。经济界附属的交通运输机关日益完备，而能够利用这些机关的主要物品即货物却长时间没有增加。因此，对经济加以适当的保护和干预并不是坏事。如果日本的工商业达到了英法等国的程度，那么，自由放任政策是适合的。但是，日本现在的状况是工商业者大多顽固不化和孤陋寡闻，容易满足于小小的成功。并且，他们资金短缺，缺乏新知识，目光短浅，归根结底是无法胜任长远的事业的。如果没有政府的倡导和奖励，终究成不了大事。尽管对经济加以保护和干预可能会出现官吏与商人相互勾结、营私舞弊的弊端，但是这种弊端是能够预先防止的。而且，西欧各国在十五六世纪，基本上也都采取过干预和保护的政策。尤其是法国，塞夫勒的陶器、戈贝兰的纺织品都是靠政府的保护政策才得以充分发展的。兆民根据保护的程度将国内的工业分为四类：不需要保护的企业，政府协助作前期市场调查的企业，政府补助的企业，官营企业等。此外，兆民认为，政府应当对进口商品征收高额的关税，这样的话一方面"可以消除乱买之弊"，一方面可以保护国内的民族产业，防止国内金币外流。

二、政运途中满荆棘，实业道路更艰辛

早期的创业经历

实际上，兆民从很早就已经开始涉足经济事业。1883 年，兆民创办了日本出版公司，自己亲任社长，田中耕造、土居光华、野村泰亨、杉浦惣藏也都在出版公司中任过职。日本出版公司是由政书出版公司和东洋译著出版公司合并而成的。早在《东洋译著出版社设立股金募集之主旨》中，兆民就将该社的创办宗旨描述为："陶冶少年壮士，救护穷乏志士，以弘扬真理于天下，以立民极于无穷。"他认为少壮的青年虽"勇往奋进之气象极盛"，但志向往往不能贯彻始终。究其原因在于"学问未足，志操未固，见识未定所致"。要医治这一缺点就要

向他们讲授万古不变的大道理。而在兆民看来，"方今之时非复古之时，如果讲究万古不变的道理……非依赖欧美各邦之载籍不可"，所以自己兴办了东洋译著出版社。日本出版公司也秉承了东洋译著出版社的办社理念。日本出版公司先后出版了兆民译的《非开化论》（上）、田中耕造等人译的《自治政论》、酒井雄三郎译的《泰西先哲政论》、陆奥宗光译的《利学正宗》等著作，为培养日本民众的政治意识作出了不小贡献。但是，后来因为自由民权运动的衰落，日本出版公司的事业也随即一蹶不振，最终倒闭了。

辞去议员后的创业之路

兆民在辞去议员之后不久就进入了实业界，专心赚钱。兆民下定决心从事实业是因为他对政客和文人的经济属性有了比较清醒的认识。他认为，贫穷的政党党员专门参加政治运动属于不生产消费者，因此经常"枉节卖说，为权家豪绅所颐使"，多数人都不是那种为了"节义"可以饿死的硬汉。文人也一样，日日为衣食奔走怎么可能做出"雄篇大作"呢？西方的文人只要出一两本销量达到数万部的杰作，所得到的利润就足够维持他的生计，从而也就能够保证他进行自由的创作。而日本是一个小小的岛国，读者有限，文人无法靠卖文生活。"文学是衣食足后方可谈的奢侈品。"因此，他告别文坛，脱离政海，专心为"黄白之物"而奔波。

兆民先是在札幌开了一家名叫"高知屋"的纸店，经营纸张批发。1892 年 11 月，兆民回到东京。同年 12 月，兆民等人从御料局获得了用于向印度出口的茶柜材料的十万根木材的三年开采许可，为了筹措资金他往返于东京、大阪和京都之间。对此载于《万朝报》的《兆民居士的深谋》一文中评论道："听说中江笃介翁在北海道开了一家纸店。如何看？只做一名纸店的主人来终其一生，按照他平时所为这真是奇怪啊。果不其然，中江笃介翁并非是以一名纸店的店主来终其一生的人，他最初移居北海道完全是为精细勘察北海道的物产，最后他有了一个宏大的想法：采伐当地的一种松树将其运往上海、香港，用来做煤炭箱的材料，这样一年之内就可赚到数万日元。他已经获得了采伐许可，数日前动身前往京都、大阪，与那里的豪商洽谈业务。蛟龙终非地上之物啊！"实际上，这个计划由于资金筹措困难和兆民缺乏从商经验，中途流产了。这期间因为兆民没怎么赚到钱，家里的存款又都用完了，为了维持家庭开支他曾数度向大限重信、九鬼隆一、后藤象二郎等人借钱。

从 1894～1899 年，兆民开始涉足铁路建设事业。常野铁路、毛武铁路、南筑丰铁路、南武藏铁路、两野铁路、吾妻铁路、芸石铁路、延熊铁路、女川铁路、房总中央铁路、菊池铁路、都城铁路、京板铁路等铁路的发起人中都有兆民的名字，他甚至曾经担任过常野铁路株式会社的常任理事。兆民进入铁路建设行业并非偶然，从中日甲午战争起日本国内兴起了一股铁路建设热潮，很多人都想趁机捞一把。兆民在政官界也多少有些面子，特别是他的门生伊藤大八在第一届众议院议员大选中顺利当选，在第三届议会中提交了一个铁路铺设议案，得到了通过。1892 年 10 月，他担任了铁道会议员。1898 年 7 月，担任大限重信内阁递信省参事官兼铁道局局长。他在辞去局长职务后，作为铁道会议员在铁道建设方面也依然具有发言权。靠着这层关系，很多地方上的小资本家在涉足铁道建设时都愿意拉着兆民一起干。然而，建设铁路毕竟是耗费大量金钱的大事业，所以对于小资本家来说，筹措到足够的资金也是一件困难的事情，所以，这些铁路建设计划也都纷纷流产了。

1897 年，兆民还创办了一家名叫中央清洁股份公司的清洁公司。这家公司位于东京市京桥区本材木町三丁目二十五番地。该公司因为股金募集困难和内部管理不善，不到一年就倒闭了。

由于在实业界并没有取得预计的成功，加之对国内政治依然关注，兆民从 1897 年左右在从事实业的同时，又重新回到政界和舆论界。对此，兆民曾经解释道："我一时退出政海，是为赚取大量的活动费，他日雄飞于政界。虽然不幸未得到充分的贮蓄，但近时政界的腐败使我无论如何不能再沉默。因此，不得以一方面经营商卖，一方面奔走于政界。"

第 8 章

帝国疯狂民亦狂，不甘寂寞兆民郎
——中江兆民与国民党

19 世纪末期是日本历史上的一个重要时期。在欧洲局势紧张，日本资本主义经济迅速发展以及日本国内民主政治进程不断深入等多种因素的共同作用下，日本政府基本解决了开国以来一直困扰政府领导层的两个外交难题，即不平等条约的修订与加入欧洲国际秩序的问题。以此为转折点，日本将"大陆政策"不断付诸实施，一步步走上了帝国主义殖民侵略的道路。

一、甲午踏上豪强路，以邻为俎似虎狼

甲午战争与日本近代化初期的尴尬局面

中日甲午战争是日本确立东亚霸权的侵略战争。它不仅是明治政府成立以来指导者们一直追求的大陆政策的归结，也是政府摆脱国内与民党矛盾所造成的政治危机的手段，同时也是日本国内资本主义发展的要求。

甲午战争对日本而言，是转移政府与民党矛盾的手段，是"明治政府末路之一战"。明治政府虽然建立了形式上的宪法体

制和议会制度，但是因为它秉承超然主义造成了政府与在野党之间难以调解的矛盾。在野党与内阁的尖锐对立，使政府领导层感到有必要"做出惊人的事业"才能化解国内的政治危机。大陆政策付诸实行就是日本政府所找到的一条出路。

1893年，天皇同意并批准了参谋总长有栖川宫炽仁亲王提交的《战时大本营条例》。这一条例的颁布标志着军队已经开始具体地着手应对未来的战争。为了收集大陆作战资料，掌握着大本营实权的参谋本部次长川上操六事先派遣军事间谍在中国和朝鲜各地收集作战资料。并于同年4月开始，以旅行的名义亲自赴朝鲜和中国长期考察。川上三个月考察的结果在山县有朋于10月提出的《军备意见书》中得以反映。意见书中指出："我国的敌手不是中国，也不是朝鲜，而是英、法、俄诸国。"中国的兵力在1886年左右开始衰退，军队士气低下，无法抵御英、法、俄等国的侵略。从这个形势看，不出十年东亚必然大祸临头。日本应该为应对这个祸患提前作好准备，并抓住时机，进一步"获取利益"。

中日甲午战争对日本的意义

1894年，朝鲜爆发的农民反抗压迫的"甲午农民战争"，日本借机向大陆出兵。5月中旬，日本驻朝代理公使杉村浚发给政府的报告中预想到了朝鲜政府会要求中国出兵，因此劝说日本与此相对抗，也应作好出兵的准备。在得到"朝鲜政府已经向中国请求援兵"的确切情报后，日本政府立刻召开内阁会议，决定出兵朝鲜。6月5日，在参谋本部内部设立战时大本营。

7月17日，日本召开大本营御前会议，决定向中国开战。7月19日，大鸟公使向朝鲜政府发出最后通牒，要求架设汉城（今首尔）到釜山的军用电线，建设日军兵营，牙山的中国军队从朝鲜撤兵，废除中朝两国间的一切条约，答复期限为同月22日。在未得到答复的情况下，23日，日军攻入朝鲜王宫，废除闵氏政权，建立了以大院君为中心的傀儡政权。在日本的胁迫下，大院君发布了废除中国宗主权的宣言。日本政府还进一步从朝鲜政府获得了驱逐驻朝中国军队的权力。7月25日，日本海军在丰岛海面攻击中国军舰，击沉了齐远舰，重创了广乙舰，拉开了中日战争的序幕。在中日甲午战争中，中方损失惨重，不仅损失了北洋舰队，在战后还签订了丧权辱国的《马关条约》。

中日甲午战争对中国来讲是一个不堪回首的伤痛，但对日本来讲却是日本近代史上重要的转折点。日本发动的甲午战争给了传统的华夷秩序以致命一击，并为日后吞并朝鲜奠定了基础。日本通过占领台湾成了亚洲第一个拥有殖民地的国家。战争的胜利提高了日本的国际地位，而中国则因战败而加剧了衰落。

战争的胜利也使日本民众的爱国热情空前高涨，"浮望空想几乎达到巅峰"，许多民权主义者也纷纷向极端的国权主义转向。然而，三国干涉还辽的"当头棒喝"给日本民众的疯狂的状态浇了一盆凉水。

中江兆民的甲午战争观

中日甲午战争爆发时，兆民正忙于从事实业。历史学界暂时还没有发现太多有利于阐述这一时期兆民的甲午战争观的有价值的资料。直到甲午战争结束后，战争的胜利使兆民看到了实行政治改革的希望而重返政界和舆论界，发表了大量的文章。从这些文章中我们大体可以捕捉到兆民的战争观。兆民认为，甲午战争原本对日本而言是义战，但结果却失去了义战之实。之所以说它是义战是，因为通过战争日本撤去了老大清帝国"威严的天幕"，把朝鲜从中国的保护中解放了出来。说它失去了义战之实是因为，这场战争使中国的真正实力"暴露于天下"，从而激发了俄、德、法等国蚕食中国的野心，而日本在战后只得到了赔偿金就撤兵了，放手不管可怜的老大清帝国被列强所吞噬，打开了中国国难的端口。日本这样做即使中国表面上不记恨日本，却也丧失了"辅车唇齿的情感"。

兆民认为，辽东半岛的归还是日本外交的重大失败。20世纪世界历史上的大业就是分割中国。日本陆海军攻下旅顺口、威海卫和大连湾是"振古以来的大光荣"。但是，欧洲列强不费一兵、不放一弹就微笑着将日本士兵用生命和鲜血换来的辽东半岛拿到手。"军人的伟勋""国民的爱国心""兵士的鲜血"都因政府外交的失败而白白浪费。这一失败是内阁、议会、政党的耻辱和滑稽，"千秋万岁未来永劫不灭的大耻辱"。

二、重返政海图大志，建党为国亦为民

兆民后期的政治思想相对于前期更加偏重于权略，他针对自由党与进步党没有骨气，与藩阀政府相互提携的情况，创立了为国民谋利益、不受政府习气影响的"白纸党"——国民党。为了对抗以伊藤博文为首的具有政府政党性质的立宪政友会对民主政治理想的威胁，兆民参加了由贵族院议员近卫笃磨组织的具有"帝国主义"性质的国民同盟会。为了达成一定的目标，而与思想迥然不同的势力一时联手，不仅没有达到利用的目的，反而被他人所利用。这就是孤立的理想家为了推翻支配体制，而在现实的行动中经常出现的"悲剧性的模式"。兆民也是如此。

中江兆民与国民党

中日甲午战争后，经济上具有雄厚资本的三井、三菱等大财阀势力逐渐壮大，对政治愈来愈有影响力。他们的势力渗透到政府和政党之中，使民党与政府的关系发生了重大变化。原本应以民众的利益为基础的政党纷纷寻求与政府的提携，自由党与长州藩派系的藩阀相合作，进步党与萨摩藩派系的藩阀相结合。为了贪图利权，民党失去了作为民众政党的精神。兆民认为当时的政党相比以前的政党不仅没有进步，反而倒退了。"昔日的政党所争取的无论多么薄弱也是主义，今日的政党所争取的无论多少都是金钱；昔日的政党与藩阀政府相去数千里，今日的政党与国家人民相去数千里。""昔日的政客其腰里揣的是匕首和饭团，今日的政客其腰里揣的是璀璨的金表；昔日的政客热心于从正门攻击政府，今日的政客热心于从后门屈从政府。"

自由党与进步党的变质使兆民对它们失去了信心。兆民想既然不能够依靠已有的政党势力来实现自己心中的政治理想，只有另立门户、新建立一个真正为民众谋利益的政党。1897 年12 月22 日，兆民与初见八郎、小山久之助等法学塾时代的学生共同创建了国民党。该党以《百零一》为机关刊物。在《百零一》创刊第一号上公开发表了国民党的创立趣旨书和政治纲领：（1）挽救现今的政治。（2）挽救国威之不伸。（3）"鼓舞国民士气的同时，组织新内阁，扫除政界的腐气"，当务之急是"修明、恢复内政"。

兆民批判自由党、进步党与萨长内阁相互"提携"。他认为这种提携只是萨长藩阀利用自由、进步两党的党员在议会中的权利而已，并不是想建立真正的政党内阁。而国民党的目的就是要"打破提携的俗论，实现真正的政党内阁"。国民党与以大资本家为背景的既存政党的区别是，国民党是国民的政党。国民党的党员不一定非要是"大豪杰""国会议员的候补者""大学者""策士""大资本家""官吏"，只要是深切关心日本国的国民，无论是新民、百姓还是士族，无论是职员还是老板都可以参加。国民党在政治上的诉求是：第一，修改选举法，使议员选举成为普通选举；第二，实现言论出版的完全自由；第三，巩固法官的独立；第四，普及教育，将小学改为免费教育；第五，完成军备的既定计划；第六，完全撤去经济上"隔离内外的堤防"；第七，课税公平。

甲午战争结束后，由于政府大搞军备扩张，加重了国家的财政负担。为了增加财源，政府先后公布了登录税法、造酒税法、营业税法等法律法规，并不断提高地租，引起了日本国内地主和农民的极大不满。以地主和农民作为政党基础的自由党和改进党在国会中坚决反对政府提出的增税法案。为了避免议会提出对内阁的不信任案，松方正义内阁解散了第十一次议会。但是因为这届内阁对即将到来的大选也没有胜算，所以也不得不全体辞职了。尔后伊藤博文继任首相，形成了与自由党相互提携的第三次伊藤内阁。在接下来的大选中，自由党获得九十八个议席、进步党获得九十一个议席，国民党全体落选。这一结果使国民党的发展在一开始就遇到了重大挫折。而资金上的困难更是使国民党陷入了解党的危险。

在伊藤内阁成立后召开的第十二次议会中，增收地租法案再一次被否决，这一次不仅进步党，而且与伊藤内阁相提携的自由党也反对这个提案。由于在反对地租增收上的一致性，拉近了自由党与进步党的距离，从而逐渐出现了两党联合的意向。作为民党联合的前期准备，1898 年 6 月 16 日，在江东中村楼召开了恳亲大会，出席会议的有板垣退助、大隈重信、大井宪太郎、铃木重远等六百余人。兆民等国民党的代表也列席了会议。会议决定解散自由党和进步党，建立一个统一的大政党——宪政党。对于宪政党的成立兆民表示支持，并决定解散国民党，加入宪政党。就这样成立不到一年的国民党，如同在政界一闪而过的彗星，虽然异常耀眼，但存在时间却非常短暂。兆民的政治理想是高远的，但是因为缺少坚实的政党基础和具体的政党纲领而限制了发展，在政党联合的大趋势下，国民党只有归于覆灭。

中江兆民与国民同盟会

1898 年 6 月 30 日，日本终于成立了以大隈重信为首相的日本最初的政党内阁，但是因为陆相和海相都不是政党党员，所以说这届内阁也不能称之为完全意义上的政党内阁。事实上，大隈内阁并不成功，它的施政纲领与之前的藩阀内阁没有太大区别。由于没有满足党员在政府中就职的要求，加上自由党、进步党在地方上组织的混乱，加深了党员与领导者间的矛盾，宪政党分化为旧自由党系的宪政党与旧进步党系的宪政本党。宪政党内部争斗、藩阀的侧面攻击，以及尾崎行雄对财阀干预政治的非难直接导致了仅仅成立四个月的大隈内阁垮台。藩阀再次从政党手中夺回了政权。1898 年 11 月，成立了第二次山县有朋内阁。山县为了巩固政权基础，11 月 30 日在与宪政党议员召开的茶话会上，表达了与宪政党提携的意向。作为宪政党重要指导者的星亨有保留地表示同意与政府进行合作。这样只经过了短暂的政党政治时期，日本政界又恢复到了藩阀与政党相提携的时代。通过与宪政党提携，山县内阁在第十三次议会中顺利地通过了作为扩军重要一环的地租增收法案，将地租从原来的 2.5% 提高到了 3.3%，增租期限为五年，并进一步增加了所得税和酱油税。与此同时，宪政党也获得了政府的信任，党势逐渐扩大，成为占据众议院多数席位的政党。

1900 年前后，世界主要资本主义国家纷纷进入金融垄断资本主义阶段，即国际政治上所谓的帝国主义时代。在东亚，甲午战争后中国成为帝国主义列强瓜分的重点。为了参与瓜分中国的活动，日本政府迅速着手改革国内体制，建立自己的政党。1900 年 8 月，伊藤博文与宪政党联合成立了立宪政友会。兆民认为，立宪政友会"非立宪也非自由"，是藩阀政治家与宪政党指导者妥协的产物。兆民感叹，许多人抛头颅、洒热血为之奋斗的自由党今日却成了两三党首获取一官半职的跳板，自由党是多么可悲可叹啊！立宪政友会的成立使兆民感到现实的政治离真正的政党政治越来越远。为了与立宪政友会相对抗，兆民注意到了刚刚成立不久的国民同盟会，企图利用国民同盟会的头目近卫笃麿来挽救日渐沉沦的民党。

　　国民同盟会是以贵族院议长近卫笃麿为中心，以对抗立宪政友会为目的而成立的政治组织。国民同盟会于 1900 年 9 月 24 日成立，会员主要有贵族院议员伊达宗敦、岛津忠亮，非政友会的众议院议员犬养毅、中村弥六、栗原亮一，国权主义者头山满、三宅雪岭等。它本质上是一个帝国主义性质的政治组织，主要的宗旨就是侵略中国。就如同该党的宣言中所说：国民同盟会就是要"保全支那，拥护朝鲜"。

　　国民同盟会刚刚召开筹备会议不久，兆民就对这个急急诞生的政治团体表现出了很大的兴趣，并且敏感地注意到它反抗政友会的特殊性质。兆民在给幸德秋水的信中写道：国民同盟会创立的时期颇有深意，有必要进一步探查这个团体的内幕，找机会拜访近卫公爵，观察"其人如何，其决心如何，器识如何"，利用像近卫笃麿这样有地位的"门阀家"或许是一个好的策略。但是，据资料显示，还没等幸德秋水找机会拜见近卫公爵，兆民就加入了该组织，足见兆民当时焦急的心情。用兆民自己的话说就是："要与俄国开战，如果胜利就可雄张大陆，从而支持东洋的和平事业，即使失败造成朝野困迫，也可使国民从迷梦中清醒过来。如果能乘此机会剿灭藩阀、革新内政，也是可以的。"这一想法与《三醉人经纶问答》中豪杰君的政治理念如出一辙。兆民已经不堪忍受藩阀政治的弊害，对国民同盟会"一往情深"而不在乎这样做成败与否。兆民对国民同盟会在内政改革上的热情已经超出了其对帝国主义性质的忧虑，甚至如同豪杰君一样将对外侵伐看成是实现内政改革的重要推进剂。

兆民对于国民同盟会投入了很大热情，他积极地参加该会的活动，出席该会在各地召开的演说会，兆民以"东洋卢梭"在民众中的影响力成为国民同盟会中央大会的准备委员，继而成为该会的活动委员。兆民曾数度拜访近卫笃麿，在《一年有半》中对近卫也有很高的评价："近卫笃麿公爵是名门贵胄，到处奔波，一点也不畏辛劳，尤其注意东洋大陆的事情。他不肯在萨长内阁做伴食大臣，唯独喜欢担任学习院的院长，掌管华族子弟的教育，这可以说是他志向远大。"兆民虽然不了解近卫的"抱负究竟怎样，不知道他将来究竟能不能符合群众的希望，满足全国人民的意愿"，但对他还是寄予了很大希望。

从国民同盟会的本质上看，它是以贵族院议员等特权阶级为主体的一个主张对外侵略的国权主义政治团体。它与藩阀政府间不存在完全的对立，所以兆民将国民同盟会作为实现他的政治理想的手段注定是要失败的。而兆民作为自由民权运动理论家在人民中的影响力反而被国民同盟会所利用，成为扩大该派政治势力的重要棋子，这也不能不说是兆民的悲哀。

第9章

喉疾缠身意志坚，从容生死非等闲

——中江兆民之死

在政界、新闻界以及实业界奔波的兆民，身体状况急剧恶化。1901 年 4 月，兆民在纪州的和歌浦游玩时，突感呼吸短促，喉头疼痛不止并伴有大量出血。兆民不得不匆匆赶回大阪，经耳鼻喉专家堀内医生诊断为喉头癌。在得知自己还有一年半的生命后，兆民没有颓废，而是继续执笔写作，完成了最后的遗作《一年有半》《续一年有半》。

一、身患喉疾心未死，写下最后主义篇

《一年有半》的思想解析

1901 年 9 月 2 日，《一年有半》由博文馆出版发行，这本书名为《一年有半》主要表达了两层含义：其一，兆民的乐观主义精神。他在该书中写道："我以为至多只能活五六个月；如果能活一年，那么对我来说，已经是寿命上的丰年。这本书所以题为《一年有半》，就是这个缘故。"其二，兆民孤立于时势的"虚无感"和"绝望感"，他在这本书中将自己比作"虚

无海上一虚舟"。

在《一年有半》中，兆民深刻地批判了日本政治的现状，他认为日本政界尚未文明化的根源在于两大错误观念，即功利主义和官本位主义。

兆民在《一年有半》中提出了一个对日本哲学家，甚至东方哲学家都富有启示意义的命题："日本从古代到现代，一直没有哲学。"事实上，后来有些中国哲学家也提出了相似的命题——"中国也一直没有哲学"。那么，兆民的命题究竟有什么含义呢？对此许多学者提出了不同的意见。孙方柱在《评中江兆民的"日本没有哲学"论——兼论日本哲学特点》一文中将这些意见归纳为三种：第一种，认为兆民提出"日本没有哲学"的观点，是在哲学上受了欧洲中心论思想影响，只承认欧洲那种与自然科学密切相联系的近代哲学，而否认东方、日本那种与政治、伦理思想紧密结合在一起的哲学。第二种，认为兆民提出"日本没有哲学"的论断是轻率的，他企图通过否定日本以往的哲学来创造"中江主义"的哲学体系。第三种，认为既然日本从古代到现代没有哲学，那么只能在明治维新以后才有日本哲学。那么究竟该如何理解兆民的命题呢？笔者认为首先有必要从这个命题出现的上下文来分析。兆民不是在完全哲学的语境中提出的这个命题。在这个命题出现之前他一直在谈论创造性和严肃认真对社会发展和学术研究的重要意义。而在这个命题出现之后，兆民则批判了本居宣长、平田笃胤等国学家不懂得宇宙和人生的道理；批判伊藤仁斋、荻生徂徕等儒学家只是对经书注解提出了一些新的意见；加藤某和井上某只是囫囵吞枣似的照搬了西方的理论。由此可见，"创造性"和"科学性"是兆民理解哲学的两个关键词。

"创造性"是特别针对加藤弘之和井上哲次郎的哲学提出来的。兆民在吸收西方哲学的基础上，认为只有充分吸纳日本的传统思想才能创造出具有本土特色的哲学。兆民本身也是这么做的，在他的哲学思想中我们可以看到许多东方传统哲学思想在里面。然而，从语言传播史的角度上看，在明治维新前日本并没有"哲学"这个词，是西周将"Philosophy"翻译成了"哲学"，福泽谕吉将其翻译成了"穷理学"，兆民将它翻译成了"道学""理学"。从这一点上，我们似乎可以说兆民所理解的哲学是西方哲学中心论的，或者说是以西方哲学为基础的。而"创造性"的意义在于只有通过发挥创造性才能使西方哲学思想在日本扎下根来，形成本土化的哲学。

"科学性"是批判国学家时体现出来的。在兆民看来，哲学并不是咬文嚼字，单纯思辨，而是建立在科学性的基础上来解释世界和人生道理的。就如同竹尾治一郎在《日本有哲学吗?》中所说，日本近代以来哲学家主要研究的是以康德、黑格尔为中心的德国唯心论的形而上学，并不理解和关心科学方面起的作用，并没有将"科学性"纳入到哲学之中。兆民受法国唯物主义思想的影响非常重视科学对哲学的意义，将两者紧密地结合起来。这一点我们可以从他的无神无灵论中清楚地看出来。所以从这一点上看，似乎兆民的命题还包含着批判日本哲学家的唯心主义、不关注现实的态度。

兆民认为一个国家如果没有哲学，"恰像客厅没有字画一样，不免降低了这个国家的品格和地位"。没有独创的哲学，在政治上就会没有主义，在党派斗争方面就不能够坚持主义，容易耍"小聪明""小机智"，不适宜于建立伟大的事业。

兆民认为明治政府各机构所弥漫的官僚主义陋习是阻碍政党政治实现的另一个重要原因。以农商省为例，该省中设有森林、矿业、商工各局。各个局的局长不能够独立行使该局的职责，一定要其他高级官吏也在该局的公文上签名盖章才行。这是导致公文繁多、浪费时间的重要原因。在兆民看来，滋生政府中官僚主义习气的原因是官僚政客没有改变封建的官本位思想，对于官民关系没有正确的认识。然而兆民认为，明治的社会已不再是封建社会，已经逐渐步入了文明社会，官吏并非高高在上的，人民才是官吏的第一位的主人。从人民的角度上讲，"日本用嘴的人和用手的人很多，而缺乏用脑的人"。只注重利益，喜好行动，不积极地思考民权之至理也是人民长期心甘情愿顺从封建制度、不加以反抗和斗争，从而造成日本官本位主义盛行的重要原因。

兆民认为有必要用"理义"的观念涤荡日本人性格中的劣根性。日本人所特有的性格是温和、随便，容易倾向放肆和怠慢；容易陷入戏弄和亵渎。具有较高地位或财产的人，不庄重，放肆随便，办事不认真。而中产阶级以下的人由于明治维新后废除了封建时代的礼节和仪式而没有一定的礼仪来规范他们的行动，使他们随心所欲，肆无忌惮，达到了不可收拾的地步。日本人的另一个不良性格是容易满足于小小的成功，稍微取得了一点荣誉，动辄得意扬扬，甚至陡然变得骄傲和傲慢起来。这种性格在官吏身上表现为容易满足已有的职位，并不想利用自己的权力和职位去做工作，以报答天皇的恩典，满足人民的愿望，成就辉煌的荣誉，而只是极力想使自己的地位不致丧失；所以无所事事，以求不出岔子，无心进行重大的改革。因而兆民认为有必要提高民众的品德修养，增加民众的智识。"用哲学打倒政治""用道德压倒法律""用良心上的奖赏扫除庸俗的官爵和勋章"。

《一年有半》之评价

著名评论家鸟谷部春汀对这本书给予了高度评价，说这本书一出版就卖了一万多册，并再版多次，当年麦考莱的《英国史》第一版卖了三千册，四个月内达到了一万三千册，已经可以称为"声价空前"了，而兆民的《一年有半》与之相比有过之而无不及，到1902年9月该书重印了二十三版，共卖出了二十余万册。《日本报》上刊载了一首诗，对《一年有半》作出了生动的评价："病入膏肓不可生，一年有半笔纵横。文章报国元其器，殖祸投身定底情。恸地哭天双涕泪，嘲今骂古几公卿。千斤纸价洛阳贵，争说兆民居士名。"植村正久则认为，作为兆民生前遗稿的《一年有半》中并没有太多谈到生死的问题，而是以"讥刺讽嘲之笔，频频抒发胸中之不平"，与以前的文章相比这本书更能看出兆民的"真面目"。孤松轩主人在《万朝报》上发表了《读〈一年有半〉》，对《一年有半》一书也给予了高度评价。"百岁荣枯一土坟，立教警世是天分。谁言先生元不遇，生前遗荣有斯文。君不见曳紫纡朱谇时者，势去身亡名忽堕。又不见炊桂餐珠骄人，财竭金散身见舍。何若善讽善刺寄丹心，旺勃意气感鬼神，威武富贵尘芥耳，毕竟至言坚似金。吾读此书感怀切，深叹哲人长不灭。嗟乎五十人生何足言，千秋之下有余烈。"

二、面壁先生回首处，寒灯一穗淡于无

中江兆民最后的日子

1901年7月4日，兆民应朋友邀请来到堺市，在那里度过了两个多月的疗养生活。在他养病期间，著名的盐业商人、议员井上甚太郎和国权主义者、玄洋社领导人头山满等人都曾来堺市看望过他。为了能更有效地治疗兆民的疾病，兆民一家于同年9月7日从堺市出发，回到了位于东京小石川的家中。这时兆民的咽喉肿块明显增大，剧烈的疼痛使他无法入睡，甚至连东西也咽不下去了。因为咽喉肿胀，兆民只能躺在床上，但

不能仰卧，只能俯卧，把两手叠放在枕头上然后把头伏在上面，一直保持这样的姿势。在兆民治病期间，来看兆民的人络绎不绝。森有礼曾在《二叶亭四迷》一书中写道："我想见而未能相见的人有很多……中江笃介就是其中一位，他有一次把我叫到料理店请我吃了顿饭，但我一次也没有去看望过他。听说他得了不治之症，我曾想马上去看望他，但是正赶上他的《一年有半》得到了极大好评，好像很多不认识的人都络绎不绝地慰问他，所以我最终没有去成。"

在吃药无效的情况下，兆民接受了主治医生冈田和一郎的建议，开始吃砒霜片。到同年 11 月初的时候，兆民脖子上的肿块明显减小，嘴里的臭味也基本没有了，并且也能够吞咽食物，病情有了暂时的好转。11 月 14 日，板垣退助来看望兆民，兆民嘱托他不要在自己死后举办葬礼。就在大家对兆民的病稍微松了口气的时候，兆民喉部的插管一会儿脱落，一会儿堵塞，造成他呼吸困难，体力急速下降。12 月上旬，兆民咽喉大量出血，10 日左右开始昏迷，13 日下午 7 点 30 分去世。

中江兆民的葬礼

12 月 17 日，在青山殡仪场举行了废除一切宗教仪式的兆民遗体告别仪式。在告别仪式上，自由民权运动的领导人、曾任第一次大隈重信内阁内务大臣的板垣退助致了悼词，曾任第一次大隈重信内阁农商务大臣的大石正巳作了追悼讲演，曾任陆军士官学校教官的学生代表野村泰亨作了告别发言。出席当天告别仪式的还有：林有造、片冈健吉、石黑忠悳、箕浦胜人、滨尾新、大井宪太郎、头山满、原敬、柴四朗、佐佐友房、德富苏峰、三宅雪岭、栗原亮一、初见八郎、幸德秋水、加藤恒忠、伊藤大八、土居通豫等一千多人。告别仪式结束后，在亲朋故友的护送下兆民的遗体被送到落合火葬场火化。

他的骨灰被放置在位于东京的青山墓地中的母亲墓旁，但是当时并没有给他立墓碑，直到 1915 年 12 月，兆民的朋友和学生们才在兆民的墓上建了一块碑，上面写着"兆民中江先生瘗（yì）骨之标"。

土居通豫在悼词中对兆民的一生作了很高评价："悟到卢无鬼亦伤，墓门欲别不寻常。平生操行狂龙跃，垂死文章彩凤翔。百世几人花绰灼，一年唯半月悲凉。问君底处消奇气，天自苍苍地自黄。"樱溪认为，中江兆民是可以与福泽谕吉比肩的一位明治奇人，"中江翁是使常识得以极大发展的人，已故的福泽翁也是这样的人，但福泽翁可谓明治的一位巨人，而中江翁则可谓明治的一位奇人。能够比得上福翁百话、天之说、地之说的人，只有我们中江翁"。大正年代的历史学家清原贞雄则认为，在明治时代争取民权的政治活动中，"滔滔不绝地讲述自由民主之说，风靡民心，并给予这一思潮以最大影响的就是中江兆民"。兆民一生有操守，有血性，有慷慨的气节。幸德秋水就曾赋诗赞曰："嵩山大雪压庭区，半夜何人断臂呼。面壁先生回首处，寒灯一穗淡于无。"他认为兆民的文章，在冷嘲冷骂之间，隐然含有"至诚至忠之痛泪"，苍凉沉重，让人感动。他身世坎坷潦倒，如"明治之少陵"可佩可叹。

第10章

无神无灵倡主义，有生有死真人生
——中江兆民的唯物论

一、信神信佛由来久，无神无灵响惊雷

明治时期日本人的宗教信仰主要有三种，即神道、佛教和基督教。就如日本学者梅原猛所说，很多日本人参拜神社、举行结婚典礼是按照神道的方式进行的，葬礼是按佛教的方式进行的。就是说，有关"生"的仪式是按照神道来办，有关"死"的仪式是按佛教来办的。而基督教则是在美国舰队将日本国门打开后才大量涌入日本的。

神道与日本近代社会

神道是日本土生土长的宗教，日本古代信仰中的"神"，就如本居宣长在《古事记传》中所说："所谓神，是指以在古典中出现的天地诸神为主，加之在神社中被祭祀的诸神之灵、人以及鸟兽草木之类，海、山等，具有不寻常的优秀之德的可敬畏之物（所谓优秀，不仅仅指尊贵、善、有功等，就连那些

恶的、奇异之物，如果被世人认为是优秀的、可敬畏的，也可以称为神）。"日本神道信仰的神灵主要可以分为自然神、观念神、人格神和祖先神等。

生死循环思想是日本古神道的重要思想，它包含三个不可分离的部分，即生死观、彼岸观和祭祀观。古神道中神灵是有生有死的，天神也是如此。从生的模式上看，主要有"芦芽萌长"的自然生成方式、两性性交生成方式、机体衍生方式、器物化生方式等。死的模式主要有主动和被动两种。主动的方式有天照大御神将自己关闭于天石屋门的死亡模式。被动的方式主要有生火神时被烧而死的伊邪那美方式、被伊邪那岐用剑砍死的火神方式。在古神道中，生与死不是单向度发展的，而是可以循环的，也可以由死复生。这里就涉及彼岸观和祭祀观的问题。在记纪神话中，天上神界高天原之下还有两层，即地上的人世（苇原中国）和死后的世界（黄泉国或根国）。天神居于高天原，地祇、人类居于苇原中国，神灵、人死后进入黄泉国。神灵以及人可以通过一定的仪式实现"死而复生"。这种"死而复生"有三种方式，复活、转世和迎神。天神的"死而复生"一般表现为复活的方式，祖先神的"死而复生"大多表现为转世的方式，当现世的人为了获得神灵的护佑则定时或不定时地举行迎神活动。

佛教与日本近代社会

6世纪佛教传入日本，受到日本一些想要加强中央集权的当政者的欢迎，各宗派实力逐渐增强，到了幕府体制时期，佛教各宗实际已经成为国教，神道则长期处于从属于佛教的准国教地位。

在日本传播的佛教宗派主要有奈良佛教、天台宗、真言宗、净土宗、禅宗和日莲宗等。梅原猛认为，在这些宗派中最具日本式特征的是净土佛教，特别是亲鸾的净土佛教。净土宗认为，人死后可以往生净土。对于什么人可以往生净土，如何往生净土的问题，法然和尚作出了积极的贡献。他将"念佛"进行了重新解释，指出经典上所说的念佛，实际上是口诵"南无阿弥陀佛"。只要念十遍南无阿弥陀佛，无论谁都可以往生极乐净土，从而满足了平民也想往生极乐净土的愿望。亲鸾继承和发展了法然的思想。他提出了"还相回向"的思想，即人不仅要往生极乐，而且还要再次转生回归到现世，来救度世人。

日本佛教主要有两大中心思想：第一，关于佛性的问题。佛性不仅一切人皆有，就连山川草木也平等地存在佛性。这就是所谓的"山川草木悉皆成佛"。第二，人死后要往彼世，然后再回到现世。只要口诵"南无阿弥陀佛"，一切人都可以去极乐净土，然后再托生回到现世。

基督教与日本近代社会

在中江兆民生活的时代，基督教也得到了一定程度的传播。实际上基督教在日本的传播并不顺利。江户时代日本政府担心天主教布道团与西方列强的领土扩张政策相勾结，因而对天主教在日本的传教活动采取了打压甚至全面禁止的政策。直至二百年后，随着美国打开日本国门，传教士纷纷来到日本开展传教活动。1873 年，日本政府最终取消了基督教传教的禁令，使基督教的传教活动由地下转为公开。

基督教主张一神论。上帝是唯一的神，除此以外不可以信别的神。基督教主张空间上的三元论。世界被分为现世、天国和地狱。基督教重视天国，轻视地狱和现世。主张人之生活的真正而唯一的意义是与上帝沟通并获得拯救，只有这样才能进入天国，获得永生，否则会落入痛苦而黑暗的地狱，备受煎熬。基督教主张原罪、赎罪论，认为人的本性是有罪的，人类的祖先亚当和夏娃因偷食禁果而违反了上帝的禁令，这是原罪。人在生活中还犯下了种种违背上帝意志的"本罪"。人活在现世的最高职责就是向上帝赎罪，只有信仰耶稣基督才能免去一切罪。

明治政府成立后，日本政府开始着手打造国家神道，将民间神道和国家神道区分开来，通过采用公认宗教制度将神道、佛教和基督教置于直接控制之下，用它来控制民众的精神。中江兆民正是在这种背景下提出了自己的唯物主义无神论，这个"异端"的理论在当时不仅是开创性的，而且还是爆炸性的，引起了日本社会广泛的关注和思考。

二、如何笃信唯物论，几番风雨觅真经

唯物主义无神论是兆民将一生的思想在生命的最后阶段做的哲学上的升华。客观地说，在此之前兆民并没有将主要精力放在哲学研究上，而是偏重政治学的研究。学术界一般将兆民的唯物主义无神论思想的发展过程分为前后两个阶段。前期指的是唯物主义无神论思想的孕育和形成时期，后期指的是确立唯物主义无神论体系的时期。

前期的唯物主义思想

兆民是日本近代历史上较早关注西方哲学的人。他在法国留学的时候就认真学习过西方哲学。回国后无论是在自己开办的法学塾中，还是在担任东京外国语学校校长的期间，都强调让学生学习西方哲学。他前期将西方哲学称为"道学""道德之学"，认为它在本质上也不外乎讲究仁义忠信，后来又把它

译成了"理学"。1882年，兆民在《政理丛谈》第三号上发表《理学之旨》一文，将唯心主义称为"虚灵派"，把唯物主义叫作"实质派"，认为："虚灵派主张有肉体与灵魂的区别，并且承认天神的存在。实质派不主张有灵魂，将情智意归属于大脑的作用。这两种学说互有长短。"兆民虽然认为唯物主义和唯心主义互有长短，但不同意井上哲次郎等人对唯物主义的看法。井上哲次郎在他与有贺长男编的《哲学字汇》中将materialism译成了"唯物论"，之所以用这个词，是因为其中暗含着批判这个理论具有物欲主义倾向的意味。兆民为了与井上哲次郎等人的用词区别开来，将materialism翻译成了"实质说"，表明了兆民对这个哲学流派的肯定态度。

1886年，兆民翻译、撰写了在日本哲学史上具有重要意义的两部著作——《理学沿革史》和《理学钩玄》。《理学沿革史》翻译的是法国哲学家富耶的《哲学史》，全书分为上、下两册。1886年7月2日出版的《朝野新闻》对这部著作是这样介绍的："泰西哲学存在极多的流派，有颂扬神德的流派，也有认为神不存在的流派，还有一些其他流派也是彼此不相容的，所以单讲一个流派的时候终不免会有所遗漏，本书将泰西哲学的各个流派网罗无遗，正所谓既简约又全面。"不仅如此，在该书中还随处可见夹杂着兆民自己见解的译述。就如幸德秋水所说，《理学沿革史》的翻译没有任何直译的造作和生硬之处，文笔流畅、意思明了，读起来就像唐宋的古文一样。兆民在该书中，根据《易经》中的"穷理"一词将philosophy翻译成了"理学"。

同年出版的《理学钩玄》是兆民撰写的专著。他在这本书中对欧洲哲学诸流派作了简要的介绍，更为重要的是第一次对哲学下了定义。他认为，所谓哲学就是"穷究一切事物的基本原理"。在《理学钩玄》一书中，他在系统介绍西方哲学思想时，对唯心论作了犀利的批判，他指出虚灵说仅仅依靠主观意识来探究世界的本体，认为人的思想并非存在于身体和身体外的物质之中，它在本质上是受到了宗教的毒害和哲学玄妙主义的影响。而且，兆民认为各种唯心论学说，特别是意向说，专门玩弄空灵玄妙之旨义，以成一家之言。这个学说的目的却如同在空中翩翩飞舞一样飘游不定，没有哪一个能够用事实证明的。

兆民对于唯物论基本持肯定态度，但是这时他还没有将唯物论与实证主义的区别完全梳理清楚。兆民认为法国人孔德提出的"着实说"以各个学科的理论为根据，求证于"古今人事之沿革"，一扫从前虚灵幽妙的学说，主张哲学应遵循实证这一方法。它的方法和目的实际上与唯物论没有区别。所谓实证方法就是学科的定理要言之凿凿，所依据的东西要与实际情况相吻合。实证主义的宗旨是以实质为目的，穷究其中的道理。兆民认为从这一点上说，唯物论与实证论没有什么差别。但是，兆民认为孔德的实证主义中有说得对的地方，也有说得不对的地方，那只是孔德的一家之言。而对于孔德究竟哪些地方说得不对，兆民在这本书中并没有详细地展开。

后期的唯物主义思想

1901 年，兆民在最后的著作《续一年有半》中，系统地构建起了自己的唯物主义无神论体系。在这本书中，兆民对一神论、多神论、神物同体论、主宰神论和造物说等宗教徒和唯灵派哲学家的观点作了犀利而透彻的批判，并且对唯物论与实证主义的区别也作了清晰的梳理。兆民认为实证主义有两大特点：第一个特点是，实证主义不借助于一切怪异和虚幻的想象，凡属它所提倡的学说，都一件一件经过了实验的证明。第二个特点是，实证主义以各门科学，尤其是物理、化学、数学、天文、生理、社会这六门作为重要学科，综合了这些学科的成果，形成了实证主义的哲学体系。但是，兆民认为实证主义也具有非理性的特点，对于想象和推理重视不足。他们过分拘泥实验，如果不能够在实验方面得到证明，即使昭然若揭的道理也都一概抹杀，自己使自己的见闻变得狭隘，自己使自己陷入顽固和浅陋的状态之中。这样做的结果是大大歪曲了我们的精神能力，降低它的可信性。

　　客观地说，《续一年有半》刚刚出版并没有取得绝大多数日本民众的认可。爱山生在 1901 年 12 月 13 日的《信浓每日新闻》上发表了《读〈续一年有半〉》一文，针锋相对地批判了兆民的无神无灵论。他说：兆民的理论是"相信在此世无心，无灵，无我，当然也无来世。……如果这个理论得以实行的话，就会没有真正的忠义，也没有真正的亲孝行，没有真正的职业，人间万物被看成了如同梦幻泡影一样，我们除了冷笑浮世之外别无他法。……我不能相信中江君的理论，日本国民也不会愿意相信中江君的理论"。无缘生在 1901 年 10 月 24 日的《国民新闻》上发表的《读〈续一年有半〉》中说道："《续一年有半》又名《无神无灵魂》。我考察了该书的论旨，感觉它是沿着以下两个方向进行的：中江氏一方面反对虚灵说的理论，即世界上有神，人是有灵魂的。另一方面又反对实验学派的观点，即将人的知识限定在可以进行科学实验的范围内、从而抛弃了哲学性的思索。中江氏从纯粹的唯物论的观点出发，试图解决哲学的问题。他的学说本质上是普通的唯物论，可以说我没有看出什么新奇的创见。他的唯物论，毋宁说是一些独断的观点。……所谓我思故我在，这是哲学思索的起点，是任何一个学派都信服的观点。哲学思索的起点绝对是意象，而不是物质。……我对《续一年有半》对哲学思索有多大贡献持有疑问。但是，我认为中江氏在行动和品格基础上的信念的表白，确实是值得思想界同仁敬重的。"一般来说，越是极具独创性的理论越充满了前瞻性，不为世人所接受也是很正常的事情。随着时间的推移，人们会越来越认识到这个理论的正确性，从而会回过头来重新评价这位理论家。兆民就属于这样的人物。明治初期，普通日本民众广泛信仰神道、佛教，甚至很多人开始信仰基督教，兆民在这个时候提出"无神无灵论"是与大多数民众的宗教信仰状况相背离的，自然也不容易得到人们的理解，连他的好友们在悼念他的时候也很少提及他的无神无灵论在学术界的贡献。然而在兆民死后，许多人开始重新审视兆民的无神无灵论，肯定他的理论价值，褒扬他的学术贡献。

中江兆民与云照禅师

中江兆民病重之后有很多人关心他，1901 年 11 月 24 日，河野广中的夫人来到兆民家，对兆民夫人说："您先生还是那么执迷不悟，主张无神无灵论啊，真是很遗憾。云照禅师曾经对我说，他想超度兆民使他免受下地狱之苦，超度兆民先生一个人比超度千万人更有功德，所以他一定要见兆民先生一面，不知什么时候合适啊?"兆民夫人说："云照禅师之前曾派徒弟来说过，我对他说没有那个必要，而现在我夫君病情加重，连话都讲不了，所以这次也算了吧。"听了这番话，河野夫人还是没有放弃，不知疲倦地向她宣讲佛法的好处以及云照禅师的好意。

第二天，河野夫人又来了，说："云照禅师要来这里旅游几天，一定要拜访一下中江先生，不知明天是否方便?"兆民夫人说："我还是昨天的态度，还是算了吧。"29 日一大早，云照禅师派徒弟送来一封信，上面说："就像报纸上说的那样，只要见面，即使兆民先生不说话也行，不知道可不可以呢?"

这个时候兆民别说讲话，就连看书和写字都很困难。兆民夫人向兆民转达了云照禅师的意思。兆民连把信拿在手里读的力气都没有了，只是摆了摆手。旁边的佐井贞吉说："您想要写出来吗?"兆民又摆了摆手。但是，无论如何总还是要给云照禅师回个信的，所以兆民强打精神，拿起石笔在石盘上写道："有机会我应该去拜访您。"然后，兆民夫人将这块石盘拿给云照禅师的徒弟看了一下。

　　就在大家认为这个事到此为止的时候，当天下午云照禅师忽然带着一个徒弟来到兆民家，他对兆民夫人说："今天早上兆民先生拒绝了我，但刚才河野夫人给我打电话一定让我今天来看望兆民先生，所以我就来了。"这么大岁数的得道高僧特意来看望兆民，也是一番好意，所以兆民夫人将云照禅师让进屋里坐下，然后对他说："现在兆民无法谈话，病情很重，而且病房污秽，充满了恶臭，让您看到这些是非常失礼的。"又一次拒绝了云照禅师。云照禅师说："我这次一定要到兆民先生的病床前看望他，即使我不问，他不答，大家不说话也行啊。"兆民夫人也很苦恼，她来到病床前将云照禅师的意思转达给了兆民，兆民只是摆了摆手，后来又用虚弱的声音说："出去，把他赶出去。"兆民夫人劝他说："对于这位亲切的老和尚，这样做无论如何是很失礼的。你就这样趴着也行啊，这样家里人的面子上也能挂得住。"在兆民夫人苦口婆心的劝说下，兆民才勉强同意见面。兆民夫人终于松了口气，然后把这个消息告诉了云照禅师。云照禅师命令徒弟拿着金刚水、护摩等道具进了病房。兆民夫人一看，这是要给兆民做加护仪式啊，她非常吃惊，却又没有办法。云照禅师来到病床前，向兆民行了一个礼，然后对兆民说："我听说您得了很长时间的病，我来看看您。"兆民先生真不愧是兆民先生，他也向云照禅师轻行了个注目礼，然后马上又趴了下去。兆民这时候咽喉肿胀，已经不能侧卧和仰卧了，只能趴着。加护仪式开始了，在无神无灵论者枕头边上，护摩冒着烟，拨动佛珠的声音，念咒文的声音，再加上病痛的折磨，兆民难受得不得了。看到兆民这个样子，夫人和其他亲戚一起为他揉搓后背。但是，兆民最终还是忍受不了了，他猛地抬起头怒视着云照禅师的脸，就好像说"你还没完没了啊"。但不一会儿又趴了下去，然而能够看得出他越来越无法忍受了，他两手抓住枕头想往外扔。兆民夫人在他耳边说："再坚持一会儿就好了。"兆民才压了压火气。又过了一会儿，兆民又忍不住了，他这回手里抓起了锡做的痰盂准备打云照和尚。云照禅师的徒弟将兆民的这个举动看在眼里，在云照的耳边耳语了几句，云照才中止了加护仪式。云照把五钴杵放在兆民支撑额头的两只手上，兆民把它扔到了地上。云照禅师把它捡起来，又放到兆民手上，这回大概兆民是筋疲力尽了，就任由它放着。云照禅师说："这样能够减轻您的疼痛。"兆民点点头，然后又趴了下去，昏昏沉沉地睡着了。看到这种情况，云照禅师对兆民夫人交代了一下祈祷的方法就离开了。

总之，兆民是明治时期出了名的异端。他虽然其貌不扬，穿着朴素，但言行豪放不羁，一生站在批判明治政府藩阀政治的立场上，是一位极有反骨的思想家。也正因如此，日本学者山口光朔称兆民为"异端的源流"。

三、中江主义为何物，绝笔书中论哲学

幸德秋水认为兆民的哲学"实际上超出了古今东西的学说，超出了宗教，独自成为一个体系，可以叫作中江主义"。从内容上看，中江主义主要指的是兆民的唯物主义无神论。

兆民的唯物论在明治思想史上占有独特的地位。三田村龙全认为："兆民完全排斥当时的启蒙论者所宣扬的道德与教育上同宗教的妥协，这是他与福泽谕吉、加藤弘之的明确区别。"正是因为这样，兆民的唯物论才是相对彻底的唯物论。从整体上看，兆民的唯物主义无神论主要由以下几部分构成。

批判的无神论

就如同《续一年有半》的副标题是无神无灵魂一样，兆民哲学思想的出发点是无神无灵论。兆民批判宗教家和唯心主义哲学家主张的精神存在于身躯之中，并且是和身体脱离、独立于身躯之外的，如同木偶剧演员操纵木偶一样，是身躯的主宰。兆民认为精神是身躯的作用。身躯要是死亡，灵魂就要同时消灭。就如同薪烧尽，焰和灰也同时熄灭一样。兆民认为不存在所谓"来世的审判"，"为了在现在这个世界上劝善惩恶，而幻想出来世的审判，幻想出神，幻想出灵魂，这是一种权宜的说法，绝不符合哲学的精神"。当然，就如同毕小辉所说，兆民的无神论也有缺点。他不了解有神论产生的社会阶级根源，不能理解人的精神和意识是社会实践的产物，从而不能更深刻地批判宗教有神论的阶级实质，这是他的无神论的缺陷。但是，他的无神论确实在宗教唯心论盛行的日本沉重地打击了官方宗教有神论。

唯物的本体论

兆民认为人的身躯和世界上的万事万物都是物质的。兆民反对精神是无形的、可以脱离物质而存在的说法。他从科学的角度对精神作了解释，他认为精神"是身躯中的脑神经在氤氲、摩荡时所产生的"。甚至从某种意义上讲，不朽或不灭的是身躯，而非精神。身躯是由若干种元素结合而成的。所谓的死亡就是这些元素开始分解，但是这些元素即使分解了，也不会消灭，仍然存在于世界的某个地方。所以，"尘埃是不朽不灭的，精神却具有必朽必灭的性质"。贾纯认为，兆民虽然没有直接提出哲学基本问题等字样，却通过身躯和精神的关系问题的论述，基本明确了物质是第一性的，精神是第二性的。能够达到这种程度，在日本哲学史上是罕见的。

兆民的唯物论也体现在时空观上。兆民认为时间和空间是客观的，世界是无始无终的，又是无边无垠的。它的本质是由若干种元素构成的，这些元素不断游离、化合、分解，再游离、化合、分解，以至无穷。兆民认为时空又是主观的。"万物都是客观和主观互相反映，像两面洁净无尘的镜子一样。"由此可见，兆民的时空观中充满了浓厚的唯物论和辩证法的特征，它超越了牛顿绝对的时空观，也批判了康德的先验时空观和实证主义不可知论的时空观，为进一步论证无神论奠定了坚实的唯物论基础。

"窗口式"的认识论

兆民承认精神的能动性。感觉、思考、决断、想象、记忆等都是精神发挥的作用，它具有"超脱的和飞跃的能力"，就如同煤炭所发出的火焰一样，"煤炭原来不过是小块的聚合，可是由此产生的火焰，也许要把天空烤焦"。这种精神的能动性主要包含三层含义：首先，所谓精神的能动性并不是纯粹的意志自由。精神依赖于物质，它常常受到行动目的的制约，也受到平日修养与所交朋友的影响。其次，精神的能动性要以自省能力的养成为基础。自省能力是检验精神是否健全的证据。只有具有这种自省能力，人们才能够知道自己所做的是否合适。这种合适与不合适的观念同自省能力一起构成了道德的基础。再次，人的精神作用主要通过感官这个窗口来实现。总之，兆民的认识论批判了唯心主义认识论，并在一定程度上揭露了实证主义的唯感觉论和不可知论的弊端，具有重要的意义。

辩证的生死观

兆民超然于生死，尽管他"不乐意早死"，但是，在身患喉头癌，只剩下一年半的时间里，兆民的心态仍然是平和的。他曾感慨道："生时是有限的，死后是无限的"，"假使以七八十年去和无限相比较，那是多么短促啊！"这些思想明显具有庄子式思维的痕迹，所以幸德秋水在眉批中也写道："庄周也未能说出。"兆民的生死观与庄子的生死观是有区别的，甚至在某种意义上说他实现了对庄子生死观的超越。就如徐水生所说庄子的观点是对生命现象的直观观察，而兆民则是以达尔文进化论、物种和人类起源论、细胞学和解剖学等自然科学为依据，作了有近代感的阐发。兆民与庄子都认为生命的意义高于生命的长短，但庄子更在乎"成功"与"所归"，而兆民更注重"有事情可做"与"愉快"，所以兆民在一年半的余命里选择了"继续写我的另一个《一年有半》……直到死去以前，我仍要挥舞这一枝攻击的笔"。

福田静夫在《中江兆民的唯物论在今天的意义》一文中将兆民的唯物论概括为三大特征：其一，兆民没有使用西周所翻译的"哲学"一词，而采用的是"理学"一词。其二，兆民采用了诸如"极冷冷然""极杀风景"等传统的表现方式，表现了兆民唯物论的"一种东洋风貌"。其三，兆民的唯物论以"无佛、无神、无灵魂"为特征。

然而，就笔者看来，兆民的唯物论还有以下三个明显的特征：其一，兆民的唯物论深受中国哲学的影响。兆民的唯物论主要是在法国18世纪唯物主义哲学的成果之上形成的，而兆民通过选择、改造和扬弃庄子哲学等中国哲学思想，使这些思想成为他接受西方唯物主义哲学思想的重要接点。其二，兆民的唯物论有许多近代自然科学成果作支撑。原子论、牛顿力学、生物进化论、细胞学说和近代天文学等研究成果的引入，使他的理论大大增加了科学性和说服力。其三，兆民的唯物论充满深刻的批判性。大胆的怀疑是科学进步的重要动力。兆民对皮浪的怀疑论推崇备至，他的唯物论也包含着浓厚的怀疑精神和批判精神在里面。他既批判宗教家的有神论，又批判某些哲学家的唯心论。他既赞成实证主义者的"实证"方法的有效性，但又批判实证主义者对感觉和经验的盲从。这种强烈的批判精神是兆民唯物论的重要特征。

当然，兆民的唯物论也存在着一些不足和局限性。譬如，兆民的物质论有将自然科学的物质结构概念与哲学的物质概念混为一谈的嫌疑，对精神的能动作用认识还不够深刻，等等。但是，这些缺陷并没有抹杀兆民的唯物主义无神论在日本哲学史上的地位，他是当之无愧的日本近代史上最伟大的唯物主义哲学家。永田广志对兆民的唯物论给予了极高的评价。他认为，中江兆民的时代，欧洲资产阶级亲手埋葬了进步时代最有价值的精神产物哲学唯物论，在这种情况下，中江兆民没有得到亲炙这一哲学的机会。因此，中江兆民的唯物论主要是在日本的各种条件下"生发"出来的。虽然没有达到辩证唯物主义的程度，但是他仍可以称得上是"日本最为耀眼的资产阶级唯物论者"。华国学、杨孝臣认为"中江主义"是日本前马克思主义唯物论的历史性总结，这就决定了它承前启后的历史地位。事实上，"中江主义"为明治三十年代社会主义运动提供了唯物论哲学基础，一些早期社会主义者就是在这种思想影响下成长起来的。20世纪30年代以来，一批日本马克思主义哲学工作者，如平野义太郎、服部之总、鸟井博郎、永田广志以及三枝博音等人对"中江主义"展开了深入的探讨和研究，批判、继承和发展了"中江主义"。

第 11 章

醒民救世担道义，在朝在野求革新

—— 中江兆民的政治思想

中江兆民是明治时期著名的政治理论家，他的政治思想对明治社会影响极大，被人们尊称为"东洋的卢梭"。从思想史的角度，我们大致可以将兆民的政治思想分为三个发展阶段：第一阶段是兆民政治思想发展的早期，分界点是 1882 年前后。这一时期兆民主要居于书斋和学塾做政治理论研究和教学工作，同时，他利用《东洋自由新闻》和《自由新闻》来宣传自己的政治理论。第二阶段是兆民政治思想发展的中期，分界点是 1892 年前后。这一时期兆民的政治思想更加成熟，他不仅做政治理论研究，还亲身参与到政治运动之中。第三阶段是兆民政治思想发展的后期，时间是从 1898 年到 1901 年。这个时期兆民重新返回政坛，政治思想显现了更加强烈的批判和急进色彩。

一、一介师匠普真理，甘做政运影子翁

在前期，兆民主要解决的问题是从理论的角度探求欧美列

强强盛的原因。兆民找到的结论为民众拥有民主、自由权利是欧美得以强盛的根本原因。因此，他以极大的热情投身到了宣传法国民权理论的活动当中。

兆民认为，要实现政治的民主化，就应当坚守四大原则：理义的原则、良心的原则、以民为本的原则以及"正则"与"变则"相结合的原则。理义是实现政治民主化必须遵守的准则，政治良心是民主化实现的保证，以民为本是政治民主化实现的基础，而"正则"与"变则"相结合则是政治民主化实现的方法。

理义的原则

"理义"的思想一直贯穿于兆民的政党论之中。兆民认为真理是一切科学探索的目标。但是，真理"幽远隐微"，非一朝一夕能发现的。而且我发现的真理他人可能认为不是真理，他人发现的真理我也可能不赞成。为了获得真理，各个学说相互竞争，观点相同的人则形成一个学术上的党派。而且政治上的党派也应当如此，相信自己得到的真理，然后将它付诸言论，以寻求获得他人的同意。基于这种思想，兆民提出了二元政治党派理论。

兆民将政治党派分为"自然之党派"和"私意之党派"两种。"自然的党派"探索的是人生事业中关于民生问题的终极真理，这样的党派虽然宗旨不尽相同，甚至"相互抵激"，但是每个党派中都包含着真理的成分，大家相互"讨论琢磨"，就会获得真正的真理。一旦有一天发现他党有而我党没有的真理就应当幡然悔悟，改而从之。若人人都能寻求真理而无他，那么日本社会的进步就指日可待了。与此相对，"私意的党派"不追求真理，而是追求私欲。这样的政党无论起什么样的名称，本质上都是乞求政府的庇护。这种政党表面顺从舆论，目的是有朝一日"窃秉"政权。这样的政党"戾情背性",因"私欲蒙蔽其心而不能自我克服",对于其他党派提倡的真理不愿意听,也听不进去。为防止其他党派的学说流行于世,"私意的党派"千方百计地"抛售自己的学说",并对其他党派进行攻击,以降低它们的声誉。总之,"私意的党派"危害极大。兆民认为无论是帝政党也好,共和党也罢,渐进党也好,急进党也罢,都应当停止相互间的争斗,当见其他政党的真理有可取之处时就应当幡然悔悟,改而从之。

兆民从理义出发,批判性地审视明治政府主导下的功利主义近代化路线。兆民对功利主义持批判态度,他在《民约译解》的注解中将卢梭主义与边沁的功利主义作了比较,他认为:"边沁单论用,而卢梭论体;边沁论末,而卢梭论本;边沁单论利,而卢梭还论义",所以卢梭主义要优于功利主义。在《论公利私利》一文中,兆民又进一步从"利"和"义"的关系出发,对边沁的功利主义作了批判。兆民认为,无论是自然界还是人类,"凡是运行好的都是符合义的",义若正,利也就自然会出现了。"利"和"义"的关系如同父与子的关系一样。"父亲慈爱,儿女也会孝顺他,这是父亲之利。儿女孝顺父母,父母也会慈爱儿女,这是儿女之利。"而边沁按照多数人原理划分公与私的原则是错误的。在兆民看来,"义"才是划分"公利"与"私利"的基本原则。只要是基于"义"的立场,即使"利止于一身也是公"。若是基于不义的立场,即使"利泛及众人也是私"。功利主义的本质是出于私利却打着公利的幌子自欺欺人。日本在功利主义指导下建立起来的表面繁荣只是一些"小利",人们应该把追求真理作为人生的最高目标。

良心的原则

兆民认为良心论是适用于世间的普遍道理。兆民引用柏拉图的话："人之所以区别于禽兽的唯有良心而已。"正是因为人有良心，所以白天做了不道德的事情，晚上就睡不着觉。即使天下人不知，但自己心里也会责怪自己。兆民认为在良心论上，黄种人绝不比白种人差。法兰西虽是白种人之邦，但也有像卡隆那样不贤良的政治家。而日本虽是黄种人，"从古至今却未出现过像卡隆那样的人"，所以说与白种人相比，黄种族的良心"更大且明"。

所谓良心包含两个相互依存的方面：一个是统治者的良心，一个是民众的良心。统治者是否有良心是人民是否作乱的决定条件。如果统治者有良心，那么即使拿着鞭子鞭挞人民让他们作乱，人民也不会作乱；如果统治者没有良心，即使"日赐千金"，人民也会不顾生死揭竿而起。兆民认为在这点上日本是优于西欧的。

兆民也试图通过"良心论"来规正自由党内逐渐激起的反政府情绪。他说："我党亦是人，苟人者必有良心。既然有良心，妄意发起变乱是绝不能心安理得的。"另一方面，兆民也告诫为政者要施行仁政。如果日本政府中官僚也像卡隆那样，那么自由党也会成为过激的政党，也会联合民众推翻政府。兆民认为日本的为政者应该懂得自由之说犹如火一样，火藏在石头中没有发出来的时候，只是顽石一块，你可以践踏它，可以翻弄它，也可以投掷它。可是火一旦迸发出来碰到了木材，就会熊熊燃烧，达到一定温度就会引起爆炸，这时候就不好扑灭了。自由的议论还没有兴起时，人民只是"鄙陋怯懦的一群人"，他们求的只不过是一时的安乐。可是一旦自由的议论隆兴起来，一传十，十传百，国内所有人都对它抱有强烈愿望，这个时候为政者要想再阻止也就难了。所以，当官的应该摒弃私欲，专心于公共事业，满足人们渴望自由权利的愿望。由此可见，这时的兆民对于明治政府还是抱有一定期待的，希望为政者能够顺应时势，赋予人民自由民主权利。而对于日益高涨的反政府力量，兆民是持反对态度的。

但是，随着日本政府颁布刑法、修改新闻条例，加紧对政党言论和结社行为的强化限制，中江兆民日益感到政府良心的缺失。有鉴于此，兆民认为仅仅局限于理论上的探讨还是不能够获得真正的民主与自由的，而应当将理论和实践密切结合起来。世间只有"缺乏气节和进取力"的人才会坐享其成，盼望不劳而获。从英法各国的历史上看，自古以来的政治沿革"只有进取才能够获得，没有不劳而获的"。自由党人应当团结起来，"观察时机，瞄准方便之时，一呼而起，拔除荆棘，搬倒岩石"。

以民为本的原则

兆民认为民与政治是不可分离的，"民外无政，政外无民，相合一体"。从这个观点出发，他反对专制制度，主张建立民主的政治制度。在兆民看来，专制制度有三大弊害：（1）专治的国家，"它的君主或耀武扬威，或好大喜功"；（2）它的宰相"或邀功，或贪名"；（3）它的人民"或命殒于刀剑之下，或受运送粮草的劳苦"。而以民为本的根本就是赋予人民自由的权利。

兆民受卢梭思想的影响，认为人类历史上的自由可以分为三个发展阶段，"天命之自由"——"人义之自由"——"心思之自由"。"天命之自由"指的是"上古的人肆意为生，没有任何约束"。这样的自由虽然完全依赖人的天性，却是凭借力量来办事的，不免有交侵互夺的祸患。"人义之自由"是通过

113

每个人放弃天赋的自由，"相约共建邦国，共创制度"而实现的。"人义之自由"相比"天命之自由"在个人自由的保障上有了很大进步。但是，它也不是完美的，它的弊端是自由通过民约获得了保证，同时也受到了民约的限制。"心思之自由"是自由发展的最高阶段。在这个阶段，人们共同地参与宪法的讨论，自觉地遵守已经订立的宪法，形成"自我为法，自我循之"的自由局面。

兆民没有完全拘泥于卢梭的自由观，而是将自由的基础置于儒教修身的政治观来理解，对自由又作了进一步的解释。他认为自由的本义源于 liberty 一词，为自由、自主、不羁独立等意思。而在古罗马这个词的意思是与受到束缚的奴隶囚虏相区别的拥有权力的士君子的称谓。因此，自由可以分为两类：一类是"心思之自由"（liberty moral），即"我之精神心思绝对不受其他事物的束缚，完全得到了发挥"，它是人与生俱来的根本，是其他百般自由的源泉。另一类是"行为之自由"（liberty politics），它是建立在人与人关系的基础上的。换句话说，它也可以称作"市民的自由"或"政治的自由"。"行为之自由"因为受到外在因素的束缚有可能消失，而"心思之自由"却不会消灭，这是两者间的重要区别。兆民认为无论是东方还是西方，"心思之自由"与"行为之自由"都不应该有所差异。他主张向这两种自由都有所保有的"衣冠文物最为夸耀的欧美诸国"取经学习。在兆民看来，张扬自由权的方法主要有两个途径：一个途径是发展经济，使人民富裕起来，使他们能够自己养活自己。另一个途径是发展教育，使人们能够明白正确的道理。

"正则"与"变则"相结合的原则

"正则"与"变则"相结合是政治民主化实现的手段。兆民借"进取子"之口指出："天下之事莫不皆有正则和变则。"在兆民看来，所谓的"正则"就是"邦国为邦国之所以，宪法为宪法之所以"，是不以时间和地点为转移的规律。所谓的"变则"是为实现"正则"而在现实中采用的方式。

从"正则"的角度上讲，兆民认为日本应该实行民主政治。从"变则"的角度讲，兆民主张日本应该施行君民共治的政体。关于政体有各种各样的名称，"曰立宪，曰专制，曰立君，曰共和"，但是仔细考究一番就会发现，立宪中也有专制，共和中也有立君，"共和未必是民政，立君也未必不是民政"。兆民对"共和政治"有自己的见解。他认为"共和政治"一词源于拉丁语的 respublica，res 是物的意思，publica 是公众的意思。所以 respublica 就是指公共之物，公有物的意思，推及政体就可以称为"共和共治"。只要将政权作为全体民众的公有物、不成为一二有司的私有物，那么这种制度都可以称为respublica，都是共和政治，跟是否有君主没有直接关系。在《政理丛谈》的《民约译解卷之二》中，兆民又从历史的维度对 respublica 的含义作了梳理。他说：respublica 从本意上讲是"公务之义，特别指的是众民之事"，后转而有了"邦""政"的含义，到了中世纪才具有"民自为治"的含义。兆民批判日本国内谈论共和政治的人，只重视其名，而不懂其实。日本国内由于对共和政治的本质不理解，出现了两类人。一类人忌惮共和政治，一类人景慕共和政治。景慕的人认为以共和为政，君主和民众没有差别，就如同美国和法国的政体一样。而忌惮的人认为如果施行共和，君主的权力就无法得到保障。兆民认为两者都是"只见表面，拘于形态的说法"。他批评前一类人只眩于虚名而不能将它变成现实。批评后一类人如果让他们获得了政权，那么压制束缚的政策就会愈演愈烈，其害无穷。日本应当采用英国式的君主立宪制。英国的政治从名称和外表上看，虽然是立君政治，但是考察它的实际情况却没有丝毫独裁专制的痕迹。英国的宰相虽要接受国王的指令，但主要还是要听从议院和舆论的意见。法律是由人民选出的议员讨论制定的，不是出于两三有司之手。

总之，自由民权运动兴起后，兆民虽然没有参加到现实的政治运动中，但是他通过法学塾的讲坛传播了法国式民主思想，通过《政理丛谈》发表著述以激励"四方君子"，通过《东洋自由新闻》和《自由新闻》作为抒发自己心中块垒的舞台。这一时期兆民的政治思想"带有很强的卢梭主义色彩"，他以理义作为出发点，通过道理与真理的阐明，为刚刚兴起的自由民权运动提供了理论武器。

二、践行真理斗志坚，普及政治新理念

兆民中期的政治思想更加成熟。他一方面进一步加强政治理论研究，向民众宣传有关宪法和国会的知识。另一方面积极地参加政治运动，成为大同团结运动和三大建白运动的骨干力量。

政治理论基础

兆民在这一时期通过出版《理学钩玄》《革命前法兰西二世纪事》《民主国的道德》等著述，加深了对政治理论的基础研究。

《理学钩玄》是兆民哲学方面的代表作，同时它也奠定了兆民政治理论的哲学基础。在这本书中兆民在谈到唯物论的时候，指出唯物论主张人可以在"五官感觉"的基础上形成推理的能力和洞察事物的能力。这种智慧使人类能够趋利避害。

"心的自由"就是这种能力作用的结果。与此相对，唯心论崇尚的是"无差别的自由"，这种自由与"善恶利害无关"，人没有"自知"的能力，也没有"选择"的权利。上述自由观与他受卢梭思想影响形成的"天命之自由"——"人义之自由"——"心思之自由"的自由观有着紧密的联系。就如宫村治雄所说，《理学钩玄》是由于兆民对卢梭思想的课题——"心思之自由"的持续关心而形成的，他在对西方哲学史上诸种理论的阐述过程中，试图确立自己独自的"心思之自由"的课题。在这个过程中，他的政治理论的哲学基础形成了。

《民主国的道德》是兆民翻译的一本书。该书论证了民众道德对于实现民主制度的重要性。该书主张法国式的民主制度是最好的民主制度。这种制度树立了"公众的权理"而没有有司恣意专政。这种制度依凭于"完善而牢实的道德"。而这样的道德建立在两种观念基础上：第一，"相信自己尽的是自己的职分，是自己应该做的"观念。其二，自信可以履行自己职分的观念。而前者是"义心"，是人天生的禀性。后者属于"自由心"。如果没有这两种理念，道德终将不免成为虚幻的东西。在现实的民主制度中要普及这种道德需要从六个方面具体入手："每个人的德行""家族的德行""居业的德行""患难中的德行""处理国事的德行"和"外交的德行"。其中每个人的道德是社会道德的基础。

《革命前法兰西二世纪事》是兆民编撰的一本历史书。该书 1886 年 2 月由集成社出版。书中记述了从法国国王路易十五即位到议会召集过程中，法国内外政策的得失。兆民在这本书的广告文中表露了编撰此书的目的：究明酿成法国大革命尸横遍野、血流遍地的原因，以使后人"自警"。书中的"官制之纷乱""财政之混乱""出版条例的烦苛""民众的穷困""新宗旨的产生"等项恰恰讽喻了当时日本的情势。经过分析论证，兆民得出了结论："自由平等的学说"虽然"符合理义"，但如果不与民众相结合，就不会获得民众的援助，最终将因为"无所凭依"而被"官家势力"所压制。有识之士如果想改革政治、振兴邦国，除了自身"淬励"进取之外，也必须启发民智，改易社会风俗，为自己制造舆论。在民主制度的进程上，兆民希望日本模仿法国的模式，通过理论引发"人心的波澜"，然后将这种波澜再进一步转化成"舆论的力量"，最后演变成"政治的革命"，从而成功地在日本开设国会、起草宪法，实现立宪政体。

《三醉人经纶问答》中的政治思想

在《三醉人经纶问答》中，兆民将进化论引入政治学中，认为政治制度的进化经历了"无制度的社会"——"君相专擅制"——"立宪制"——"民主制"的过程。"无制度的社会"以力为原则，"强者欺凌弱者，智者欺负愚者。威胁欺压别人的人成为主人，畏惧屈服的人成为奴隶"。在这种制度下人人厌恶战争，向往"晏然"的生活，从而形成了"君相专擅制度"。这种制度相比前一种制度的优点是用基于人性固有的"慈爱心"和"感恩心"、用无形的"君臣之义"来统合君与臣、官与民的关系。但是，这个制度也有三个不可克服的"病根"。首先，君主的"资质"很难保证。其二，人民失去了"自主权利"，一切事务都要服从君主的指挥。其三，在官尊民卑的社会中容易形成阿谀奉承、轻浮圆滑、不自尊不自重的不良习气。由此，"君主立宪制"得以出现。

"君主立宪制"与"君相专擅制"相同，都有世代相袭的"君主"和王公贵族，不同的是王公贵族的爵位只是表示一种"家族的荣耀"而已，他们的财产来源于自我经营的领地，没像专制国家中的贵族那样坐享民脂民膏。这是"君主立宪制"

优越于"君相专擅制"的一个方面。另一方面，在君主立宪制下人民开始获得财产私有权、信仰自由权、言论权、出版权、结社权和被选举权、选举权、监督政务等权利。但是，君主立宪制仍有不完善的地方，特别是在平等方面做得还不够。

"民主制"是政治进化规律的第三阶段。兆民认为君主立宪制不坏，但民主制更好。"立宪是可贵的，民主是可爱的，立宪是客栈，迟早必须离去"，而"民主是住宅"，给人一种"放心"的感觉。世界上的民主制主要有两种模式，一种是英国模式，另一种是法国模式。英国模式是保留名义上的君主。法国模式更为彻底，不设有君主。

兆民延续了前期对"正则"和"变则"关系的辩证看法。他认为，政治进化的"正则"是君相专擅制——君主立宪制度——民主制度的发展过程。而政治进化也存在着"变则"。兆民借南海先生之口指出，民权实现的方式大体有两类。一类是"恢复的民权"，另一类是"恩赐的民权"。前者是自下而上争取的，其分量的多少可以由人民随意而定。后者是由上而下施予的，人民并不能决定民权分量的多少。但是，兆民认为"恩赐的民权"尽管分量少，但本质上与"恢复的民权"没有分别。只要人民用"道德精神""学术的养料"培育这些自由和权利，随着时代的进步和社会的开化，它也会逐渐进化到与"恢复的民权"并驾齐驱的程度。由此可见，兆民对日本即将施行的君主立宪制、恩赐的宪法并没有表示特别强烈的反对，毋宁说是持有条件赞成态度的。

国会论

明治二十二年（1889），宪法颁布、国会召开在即，普及国会知识成为开化民众的首要课题。在离众议院大选还有三个月的时候，兆民开始执笔撰写《选举人之觉醒》，面向民众阐述国会的本质和选举人与被选举人的关系。实际上，在此之前小野梓在《国宪泛论》、高田早苗在《国会问答》中从制度和法律的角度对国会问题也作过论述。兆民这本著作的重点在于向民众解释议会制度的结构。认为选举人不仅拥有"宝贵的权利"，而且还必须承担"严格的义务"。权利和义务如同"车之两轮，鸟之两翼"，不可分割。国会的优劣就掌握在选举人的手上，选举人手中的选票是撼动日本帝国、亚洲乃至世界的"有力的一大杠杆"。

兆民将国会分为"普通选举"的国会和"限制选举"的国会。急进主义者主张采用前者。他们认为除了"白痴、癫疯、奴仆"之外，国民都应该有选举权和被选举权；渐进主义者主张采用后者。他们希望通过限定选举人和被选举人的财产额度，将选举权和被选举权只给那些富有的少数人。兆民反对"限制选举"的做法。

兆民对国会的构成也作了比较清楚的分析。他指出国会由上下两议院构成，上议院大体上由王族、贵族及僧侣构成，下议院议员才是国民最直接的代言人。国会主要有以下权力：(1) 国会议员一旦有意见，可以相互协商，并由议长将讨论的结果上奏国王。(2) 国会议员可以不为在国会上发表的言论承担法律责任。但是，如果国会议员把自己的言论向社会公布而违反了出版条例，也应该接受处罚。(3) 国会开会期间，国会议员只要不是现行犯，不管有多大的犯罪嫌疑，如果没有国会的认可不能逮捕。(4) 如果议员因为犯有大逆罪、谋叛罪而受拘捕时，必须迅速向议长报告。然后国会闭会，决定是否为他（她）申辩。(5) 从国会召开到国会闭会期间，不得以负债的理由逮捕国会议员。(6) 国会有决定法律适用范围的宽窄以及废除法律、另行起草新法的权力。并且，"宗教世俗文事武事"都归国会管辖。(7) 租赋的征收及使用由国会议定，无论多么急需的费用如果没有经过国会讨论就不能征收。国会只有具备了上述权力才是真正的国会。无论是急进派也好，还是渐进派也罢，都承认国会的这些权力，只是前者把它们用于扩张"急进主义"，后者把它们用于推进"渐进主义"。

兆民认为一个国家开设国会有两个目的：一个是为了"正理"，一个是为了"利益"。人民的智识未开、不知权利是什么的时候，统治阶级可以按照自己的利益来构建政府。可是，一旦人民的"智识"增长，知晓权利的可贵并且想亢张权利的时候，必然要求政府召开国会，通过国会议员来表达自己的想法。因此，国会未开设前，"政府不是真政府，是临时的事务所"；国会未成立前，"人民不是真人民，是临时的聚合物"。一旦政府成为真正的政府，人民成为真正的人民，"农工商贾之业、文艺学术之道"也必然随之发展，"利益"的目的也就会自然而然地实现了。

公民政治意识论

兆民认为，为了适应日本民主政治的要求，必须提高国民的政治意识。要想实现这个目的，不仅要普及欧洲各国的政治知识，还要从各个阶层的具体情况出发开化他们的政治意识。

对于平民来讲，他们应该更加关心政治。平民缴纳给贵族和官吏的租税，也应当以有形和无形的利益形式再次回到平民身上。但是，如果贵族、官吏居心不良，滥用平民的租税，必然会导致民众的穷困，以致流离失所。所以，平民作为"有智慧的动物"在接受官吏服务的同时，也应当关心政治，明白租税是如何被使用的。

对于士族来讲，他们应当去除祖先传下来的一味单纯"悲歌慷慨"的遗传病与"切齿扼腕之习"，学习经济和法律知识，开化自己的"脑髓"，在义烈的心性上增添学术，成为有道德有智慧的人。

对于富人来讲，他们应该使自己成为"政事家"或制约"政事家"。西方的公议政治中政治家多数是为公家谋利益，政治家多数是散财的人，从事政治只是"一种道乐"，因此"非富者不能成为政治家"。政治的得失与富者有着紧密的关系，富者如一国不可缺少的"滋养血液"和"健康剂"，他们应当成为"政事家"或者成为制约"政事家"的人，而不是心甘情愿地受政事家的约束。

对于实业家来讲，他们更应当关心政治。19世纪的实业家也必须是政治家。就租税而言，世间的实业家必须关心政治。因为政府对农工商业是持干涉主义还是持放任主义关乎实业家的利益。不关心政治的实业家就如同"目盲的相扑"，胜利和失败只有听凭时运，这样的人是有悖天子宰相厚意的"消极罪人"。

对于议员来讲，他们应当懂得自己的权利来之于民众。既然是人民选了议员，议员就应该为人民发挥自己的"智勇辩力"，不能屈服于政府官僚。兆民将欧洲的选举人与被选举人的关系概括为两种模式："有限委任模式"和"无限委任模式"。"有限委任模式"是选举人在选举议员时，事先已经有了处理时事的基本纲要。议员要做的只是将选举人所思考的条件通过他（她）的"唇舌"陈述出来；"无限委任模式"是选举人仅仅根据议员的演讲来进行选举，选举结束后一切事项均由议员在议会中"随机应变"地加以处理。兆民认为"有限委任模式"中选举人是"号令者"，议员是"接受命令者"。选举人的职能是"看透事务的要领"，而议员的才能是提出这些要领，并对内容进行明确的论说。而在"无限委任模式"中，选举人是"君主"，议员是"宰相"。选举人的职能是领悟议员的思想并信任他，议员的责任是自己奋发勤勉以不失选民对他的信任。对于日本的选举人来说，无论是"有限委任模式"也好，"无限委任模式"也罢，选举人本身必须要对政事有根本的认识。

兆民认为各阶层人民政治性的觉醒是建立在对"志"和"职"这两个概念有根本性认识的基础上的。"志"是以为国家、为社会、为世界的某一方面的进步为己任，并为之甘冒生死，倾尽财产，临危受命而不枉其志。"职"是指为了衣、食等生活上的无忧而努力工作。要使这些为了生活而工作的人变成为了社会进步而工作的人，就必须使他们"垦辟自己的脑髓"，"研磨自己的智识和能力"，改正骄傲虚夸的毛病。

总之，兆民在这一时期将哲学思想、进化论思想等引入自己的政治理论中。他对政治制度史、国会、选举人与被选举人的关系以及各个阶层在议会政治中的角色和作用等做了较为详细的论述，完善了前期的政治理论。

三、晚年虽抱鸿鹄志，栖身国权多可哀

兆民后期的政治思想，相较中期有了明显的变化：一方面更具有批判性，另一方面急进性越发明显。

对日本政治的批判

兆民批判明治中兴以来日本的政治是"士族政治"。兆民认为木户孝允、大久保利通以及井上毅、伊藤博文等人仍然没有摆脱"士族根性"。在他们看来政治是"荣显的""高贵的"，所以他们主张集中精力发展国家的法制、军备和教育，而没有打算将日本发展成为"经济国"。他们所采取的只是一种没有雏形和蓝图的开国进取的"策术"而已。作为后继者的

伊藤博文、大隈重信、松方正义也只是拓展了前辈的事业，没有思考开国进取的顺序和国家的发展方针。这使得日本社会的发展极为不平衡，法律、军制、教育和交通等事业发展较为顺利，而经济贸易发展缓慢，就如同有运送货物的车，而没有运送的货物一样。兆民认为这种进步只是"容易进步的部分进步了"，就如同学习围棋一样，在最初的阶段是最容易记忆的，所以进步极快。

尽管如此，兆民并没有否认交通发达对经济和人民生活的促进作用。他认为交通机关是生产事业的极为有力的"媒介"，但同时它又是"奢侈的传播者"。在兆民看来"奢侈"并不完全是一个贬义词，这里的"奢侈"说成人民生活的"上进"更为合适。交通机关促进供给，将货物运到全国各地，平衡了各地的物价，与此同时也推进了需求。文明开化产生的"空车"主要搬运的是欧美的物产，蝙蝠伞、金边眼镜等绅士所必要的产品在日本全国各地逐渐普及。因此，可以说交通的整备传播了知识，也传播了奢侈。但兆民不同意松方正义等元老批判国人奢侈行为，并想通过节俭来拯救财界病症的看法。兆民认为在日本真正能够称得上是奢侈的，在五千万人中仅仅是那些住在三府五港或者是地方都会中的巨富，其余的人只不过是追求更像人一样的生活而已。另外，奢侈就是"过分讲究"的意思，而"过分讲究"就意味着文明，从文明中如果去除了"过分讲究"就剩不下什么了。奢侈归根结底是在生活质量低的日本与生活质量高的欧美诸国相交往的过程中出现的，是从禁欲式的"东洋风"转变为"穷极身心之欲"的"欧美风"的必然结果。所以，现今财政家、经济家所谓的奢侈只是捕风捉影。日本"今日之患不在奢侈，而是资金不足"。没有增加国家利益的手段，这才是当时日本的大患。

兆民批评当前日本的政治家"无主张，无经纶"。内阁的更迭只是人员的更换，施政方针却没有大的变化，宛如一个内阁的推移。政党也是一样，所谓的什么党、什么会只是名称的不同而已。政党间的斗争不是攻击对方的主义，而是批评政治家的品德和行为。在兆民看来日本政治家之所以没有自己主张的原因主要有以下几点：（1）他们的脑袋里空空如也。（2）因为他们不思考。（3）他们急于获得势利，而无暇思考其他问题。（4）他们没有政治上的良心。兆民认为要矫正日本政治社会的这些弊端，首先应当从新闻记者做起。新闻记者有学问，善于思考，同时除了在新闻界的地位外没有其他欲望，比较"特立独行"，他们适合为国家考虑问题，倡导政治上的主张，从而为改善日本的政治环境作出贡献。

兆民批评日本的政党只关心自己的利益，都是"势利党"。它们眼中没有国民，只有议席，这是日本政党的根本弊端。这样的政党容易以自我为中心。日本的执政党敌视在野党，只要是在野党主张的，无论是否符合理义、是否有利国家，全都反对。日本的在野党甘于卑屈，意气消沉，不知奋进，毫无理义可言。总之，无论是执政党，还是在野党都是"不道德的动物"。

对于新近出现的社团组织——理想团，兆民非常赞赏。这个组织是由黑岩周六（泪香）和幸德秋水等《万朝报》的记者发起建立的。兆民曾将黑岩泪香引为知己。黑岩泪香也在《万朝报》上发表文章赞赏兆民的人格。他说兆民是"纯然理想之人，除梦想理想，追求理想之外，无多少顾虑"。兆民对这个评价表示认同。他在给幸德秋水的信中写道："看破小生为一有操守的理想家的，茫茫天下，唯泪香君一人。我真感愉快。"正是因为对理想主义的共鸣，兆民对理想团抱有很大期望。他认为理想团的宗旨应当是："人人加强自己的品德修养，互相砥砺名誉和气节"，"毫不懈怠地努力做一个君子"。同时，兆民指出既然是理想就意味着在现在的情形下是办不到的。但是，也要将理想用口和笔表达出来，期望有朝一日可以实行。像自由、平等、博爱以及废除使世界各国相互隔离的国界、消除战争、统一货币、设立世界统一的政府、废除土地私有制和遗产继承权都应当列入理想团研究的范围。

政治思想的转变

在民党无气节甘愿俯首与政府相提携的情况下，兆民感到现实的政治离自己要建立政党政治的目标越来越远，为了实现心中的政治理想，他创建了一人一党的国民党，甚至参加了具有帝国主义性质的国民同盟会。不仅如此，兆民与玄洋社的首领头山满也交往密切。两人从明治十七年左右开始交往，友谊一直保持到兆民去世。兆民对头山满的评价是："头山满君具有忠厚长者的风度；并且只有他，才是一个生长在现在的社会，而完全保存着古代武士道精神的人。他嘴里不说话，而内心明白，大概可以说是一个把机智隐含在朴实之中的人。"尽管兆民是民权主义的重要代表，主张"民权之至理""自由之大义"，而头山满是国权主义者，两者似乎具有明显的对立。但是，就如松本健一所说：民权论和国权论是民族主义的两个方面，就如同刀之两刃。自由民权运动是伴随近代国家的成立而出现的民族主义运动，它在宣扬民权的同时，也讴歌伸张国权是理所当然的。兆民与头山满的接近，正是统合了民族主义的两个方面。从对待大陆的问题上看，头山满主张对外侵略，弘扬国威，而兆民更倾向于东亚各国的联合。联合与侵略在现实中所走的路径是很相近的，归根结底都是伸张日本的国威。联合与侵略是日本近代民族主义密不可分的两个方面，是在日本近代历史二重性基础上形成的。这种二重性表现为日本相对于欧美列强是后进的，而相对于亚洲各国又是先进的。

兆民这一时期的政治思想虽然相比前两个阶段没有太多的

理论创新，但是现实意识更强了，他更倾力于把理论与实践结合起来去解决现实的政治问题。也正因如此，兆民这一时期的政治思想更加富于批判性和急进性。

概而言之，从整体上看兆民已经形成了较成体系的政治思想。无论是在政治制度发展史、政治民主化实现的方式，还是在政府政策的认识上，兆民都有自己独到的见解。兆民政治思想的发展具有明显的阶段性。他前期的政治思想具有强烈的理想主义气息，注重向国内传播先进的政治理念，开化民众的政治意识。而在他中期的政治思想中，我们明显能看出他想将政理与政术、正则与变则结合起来的痕迹。兆民后期的政治思想更加注重与现实相结合，表现了兆民急于实现民主政治的迫切心情。

第 12 章

弱国外交当如何，推杯换盏议经纶
——中江兆民的外交思想

兆民具有比较成体系的国际政治思想。他的国际政治思想可以分为两个发展阶段。第一阶段是形成期，以 1884 年为大体的分界点。法国自由主义的政治理念贯穿于这一时期兆民的国际政治思想之中。第二阶段是发展期，以 1894 年为大体的分界点。这一时期因为甲申事变的爆发以及条约修改运动的兴起，催发了日本国内的国粹主义运动。中江兆民也因此受到了一定的影响，这种思想的变化充分反映在他这一时期的著述中。从 1898 年兆民重返政论界到他去世为止是变化期。这一时期以《满洲之事情》《媾和问题》《一年有半》等为中心，显现了兆民的国际政治思想向民族主义转向的特征。

一、《论外交》倡导和平，守道义理想主义

明治时期由于西方列强的介入改变了东亚原有的较为稳定的地区格局。日本虽然受到的冲击不算大，但也被迫与西方列强签订了不平等条约。如何在残酷的国际环境中，找到日本的

独立之路？包括兆民在内的一批民权派思想家也在苦苦寻觅着答案。

兆民前期的国际政治思想主要体现在《论外交》一文中。这篇长文于 1882 年（明治十五年）8 月 12 日、15 日和 17 日陆续发表在《自由新闻》上。在文章中兆民系统论述了自己的和平外交理论。

富国强兵论之批判

国富与兵备哪个更为重要？这个问题的答案直接决定了一个国家的外交战略的倾向。兆民对古今的富国强兵论表示怀疑。他认为不顾国家发展而一味强调军事力量的做法，无论从道德上讲还是从经济上讲，都是没有道理的。

兆民认为富国、货物丰沛对人民生活有益，所以天下人民都渴望它。但是，强兵对明治时期的日本来说并不是一个好的策略。因为：（1）兵是不仁之器，不能用不仁之器行不仁之事。（2）人类畏死好生是情之自然。积蓄不仁之器，运用不仁之谋杀人遍野，血流成河，这有悖天道好生之德。（3）地球上所有国家都为本国利益着想，一旦无法提高本国人民的福利，就会在国家间大动干戈，寻找出路。因此，各国都在平时训练兵马，蓄积粮食，以防备邻国入侵。但是军备是"不生产消费"，国家多养兵，租税就会加重，这与国家经济的发展是相背离的。

中江兆民批判国家富裕则常备兵必多的观点，认为这是未分"纯专之见"和"比较之见"而得出的看法。兆民认为从"比较之见"出发大概会得出上面的结论，但是如果从"纯专之见"出发结果就不一样了。将用于兵备的费用用在别的地方，国家的富裕程度就会超过今天的百倍。因此，"富国与强兵是天下最难相容的，专重经济时，不能多养兵。专崇武备的时候，就不能多殖财货"。兆民接着又进一步批判国家兵强马壮四邻就会因为敬畏而不敢侵犯，这样国内的人民就可以安居乐业、国家也可以日益强盛的想法。他认为这种想法乍看起有些道理，但仔细想来却是不辨本末的说辞。从西方的历史上看，一个国家在人民不富裕，国家不富强的时候，拥兵也不过五万、十万。随着学术的发展、技术的进步，货物才变得丰富起来，兵员也才逐渐增加。由此可见，"并不是因为兵强而工业兴，而是因为工业兴盛兵才得以强大"。而将富国与强兵分离开来并不容易，至少需要两个条件：（1）依靠人民智慧的进步。人民智慧越进步，就会越强烈地批判君主宰相出无名之师。(2) 形成世界人民的平等观。攻伐凌辱落后国家的人民绝不是真正开化的人所做的事情。

总之，兆民否认富国与强兵之间的直接关联性。他认为应该以富国为中心来建设国家，而不能因为扩充军备增加民众的负担，影响国家经济发展的速度。这种思想似乎在当今的日本也得到了印证，没有大规模的正式常备军依然没有影响日本成为当今世界的强国。从这一点上说，日本今日的发展没有超出兆民思想的视野。

欧洲列强外交之道的批判

兆民并不认同近代欧洲流行的强权主义国际政治理念，他认为实力并不等于正义。正义、道义是可以脱离实力的更为高尚的概念。基于这种观念，兆民对欧洲列强的外交之道展开了犀利的批判。

欧洲列强的外交思想主要源于三种心态：（1）艳羡嫉妒之心。他说欧洲诸邦与他国的交往样态就如同看到邻居勤勉敬业赚了钱，而不由自主地产生艳羡妒害之心，拿着棍棒或石头到邻居家，强迫他交出钱财一样。(2) 希求自我强大，期冀他国弱小的心理。兆民指出，欧洲诸国都抱有这种心理，如果邻国拥有常备兵五万，我方则要置兵十万。若邻国置兵十万，我方则要置兵二十万。在相互竞争中双方兵力骤增，国家的财力被消耗殆尽。（3）自恃文明，"轻贱微弱""侮辱卑野"的心理。兆民认为欧洲人虽为文明人，却不应该歧视落后地区的人，"殊不知土耳古印度之人民也是人"。对落后国家的人循循善诱，使他们慢慢体会先进国家的文物制度之美才是文明人所应尽的职分。

兆民将古来欧洲诸国外交之道概括为两条：（1）当他国文物制度与我基本相同时，运用各种策略，以削弱对方，抓住空隙，或举兵征伐之，或联合一两国胁迫之，以图一己之欲。（2）若面对文物制度远不及我邦之国，或以威力恐吓之，或以智力欺诱之，以实现征服它的目的。在兆民看来，这两条外交方策不外乎都是"景慕英雄武震之光誉，炫耀一时之功名"，都是"反经济之理，背道德之义"的。

小国外交之道

兆民将国家的类型分为大国与小国，并认为大国与小国的外交政策也不尽相同。像英法德俄那样的大国土地博大，人口兴旺，文学、技术先进，"凡邦国致富的条件莫不具备"。这种国家国力强盛，四邻望之都很忌惮，不会瞬然遭来灭亡之灾。大国也可以偶尔"从事三军之事"，这样做即使损害了财政，善后工作做起来也并不困难。与此相对，小国外交政策的核心是保持国家的独立。要保持国家的独立，首先要坚守信义，讲究和睦。"道义所在，虽大国不畏之，虽小国不侮之。"如果他国兴不义之师，"举国为焦土可战不可降"。在与邻国的关系上，要讲究和睦，即使邻国出现内讧也不能妄自出兵攻伐。这才是小国的外交之道。总之，兆民认为小国外交之道的核心在于道义。小国靠理义而不是靠实力来赢得他国的尊敬。小国外交之道的终极目的在于国家独立，在于使国内人民获得自由。

这种思想似乎受到了孟子思想的影响。孟子主张国与国之间交往应当有道，大国当仁，小国应智，这样才能保天下，保国家。他批判小国以服从大国为耻的心态。他认为：这种心态就好像徒弟以听命师长为耻一样。在孟子看来小国与其耻辱还不如向大国学习。但孟子认为小国也不应该畏惧大国，"国君好仁，天下无敌"，"齐楚虽大，何畏焉"？当强国侵犯时，全民要一心誓死报国，"效死勿去"。

兆民认为日本与邻国中国的关系就应当遵守和睦的原则。"我与中国只不过一水之相隔，书文相同，制度相同，习俗相同，特产相同。"加之，强英骄俄在亚洲逞强，亚洲周边国家都面临着国家存亡的危机。如果能够与亚洲国家修好、交善，"结成唇齿"关系的话，就能够共同抵抗列强。如果不合时机地与邻国开战，就会被英、俄坐享"渔翁之利"。兆民在1882年的《二松学舍学艺杂志》上发表了《兄弟阋墙说》一文，对当时日本国内兴起的征韩、征清思想给予了有力的回击。他指出当有强敌来犯时，兄弟要么选择"顺乎天理"而御敌，要么选择"随乎人欲"而自相残杀。兆民鄙夷勾结外国人来消灭自己兄弟的人，认为他们像割让燕云十六州、勾结契丹灭了后唐的后晋太祖石敬瑭和背叛南宋、联合金军攻打南宋的伪齐国皇帝刘豫一样，令人鄙视和不耻。

兆民认为战争获利只是暂时的，而宣扬自由民主之真理，制止有司之专恣，使人们获得自治之精神，"坚守天赋之自由，伸畅固有之权利，以永远基定我国之福祉"，这个功绩绝非一时的战胜之功所能企及的。

总之，在实力主义、弱肉强食的国际政治思想占据思想界主流的时候，兆民并未随波逐流。他以小国日本为出发点，主张国际政治的"道义"原则和经济至上原则，反对将国家发展的重点放在扩充军备上，主张以富国为首要的目标，以和平发展，维持稳定的国内外环境为国家发展的基本战略。当然，理想主义是兆民前期国际政治思想的一个闪光点，也是兆民思想的局限之处。在国际法软弱无力，欧洲中心主义文明观占据主流的情况下，作为一个没有完全开化的小国所讲的"道义"能否最终为列国所承认；在用实力来说话的国际舞台上，面对欧洲列强的坚船利炮，"道义"的凭依究竟在哪里？这是兆民前期的国际政治思想中没有回答的问题。

二、三人醉论经纶策，觥筹交错话外交

由于政府的弹压、各民权派别间政治理念的不同使大同团结派内部再次出现分裂。而国会开设在即，如何打开民权运动闭塞的局面，统一民权派促进真正立宪政治体制的形成？如何应对日益紧张的国际形势？在进入 19 世纪 80 年代后半期之后，日本国内出现了许多政治小说，以虚构的形式尝试回答了上述问题。如东海散士的《佳人之奇遇》、矢野龙溪的《经国美谈》、末广铁肠的《二十三年未来记》等。兆民的《三醉人经纶问答》也是在这一背景下创作出来的。这本书是最能体现兆民中期的国际政治思想的代表作。

《三醉人经纶问答》于 1887 年 5 月出版。兆民曾自己评价这本书是"一时游戏之作，未甚脱稚气，不足看"。而幸德秋水则认为该书"纵横挥洒"，在不经意之间展露了"先生之天才""并得先生的人、思想、本色"。这本书在当时影响极大。《朝野新闻》（1887 年 6 月 19 日）所载的书评中将它视为仿佛"将人带入恍惚醉境"的"一本奇书"。坂本多加雄认为，这本

书不仅与福泽谕吉的几本著作一起可以称为明治时代的代表作，而且它对现代的读者来说也依然具有相当的"魅力"，读起来也不失精彩。书中的洋学绅士、豪杰君、南海先生分别代表着兆民性格中的一个侧面，他们的言论也映射出了兆民三种不同维度的外交战略。

和平外交论

洋学绅士无论是思想上，还是生活上都受到西方的影响。他"生活在思想的楼阁中，呼吸着道义的空气，按照逻辑的直线前进，不愿意按照现实走曲折的道路"，乃是一位"理学士"。他代表了兆民"理论家"或"理想家"的一面，他所主张的国际政治思想的特质是以"义理"为基础构建的、以共和政治为保证的永久和平论。

1. 自由、平等的大义是全世界人民共同追求的理想

洋学绅士认为自由是可贵的，它不仅是人之为人的条件，而且是国家强盛的"酵母"。国家富强之本在于学术的精湛，而知识的创造与学术的增长又得益于学者、艺术家以及农工商等从事各项事业的人"不受束缚"充分发挥自己的思想，实现自己的意志。洋学绅士认为人与人都是平等的。王公贵族与人民都是由"若干元素组成的同样的肉体"，并无优越之处。在政事进化方面，应该遵循"无制度的社会"—"君相专擅制"—"立宪制"—"民主制"的过程。

2. 民主制是世界永久和平的必要条件

洋学绅士认为民主制所实现的平等不仅仅是一国人民的平等，而且也是全世界人民的平等。民主制度是停止战争，促进和平不可欠缺的条件。兆民认为世界上的战争大多都是帝王或宰相好大喜功，为取得功名而发动的。在民主制国家中，政府要发动战争需要获得民众的支持。但是，一般来说人民是反对

战争的，因为人民是战祸的最大受害者。这一点决定了民主国不能随意发动战争。如果说君主国是靠"有形的实力"取胜邻国的话，民主国则是靠"无形的思想"取胜邻国。以武威为国家的光荣，以侵略为国家的方策，抢夺别人土地，杀害别国人民，一心想当地球的主宰者的国家是"疯狂的国家"。它不会给子孙后代留有任何好处。

中江兆民的和平主义思想受到了康德思想的影响。兆民是明治时期在日本宣传康德和平论使它得以广泛传播的代表人物之一。伊藤贵雄认为兆民极为重视康德和平主义的理想性，因此他的和平主义是无抵抗的康德主义。伊藤宏一则进一步指出兆民在法国留学时就读过法国著名康德研究者巴尔尼的《民主政治中的道德》一书，正是参考了这本著作中提到的康德的和平论才写出了《三醉人经纶问答》中洋学绅士的和平论。康德和平论被兆民定位为战前日本最民主的政治性道路，在日本历史上获得了现实的意义。但是遗憾的是兆民这时没有关注到康德和平论的现实主义要素，只是将它作为一种理想主义政治论的一环来把握的。这是兆民对康德和平论理解的不足之处。

3. 小国的和平发展之路

兆民认为在文明浪潮中居于后进的小国，要想在国际上立足、保持独立就必须走和平发展的道路。小国由于国土和资源有限不能短时间内致富。那么，小国该如何走上和平发展之路呢？

首先，小国应当建立可以向大国夸示的民主、平等的社会制度。在这样的国度内，国家赋予人们言论、集会、出版的自由，实施免费教育，将国民培养成为绅士。"道德的花园，人人喜爱，人人仰慕。谁也不忍心将之破坏。学术的田圃，人人利用，人人受益，谁也不愿将之毁掉。"

其次，小国应当"拆除城堡，撤销军备，对他国示以无杀人之意"，以"道义"作为护国的盾牌。因为弱小之国对强国作战，即使投入全力，实力也不足强国的万分之一，无异于以卵击石。所以小国莫不如夷平堡垒，销毁大炮，裁军为民，专门研究道德伦理之学，讲求工业技术，成为纯粹的"哲学之子"，举国成为一个"自由友爱的境地"。

再次，小国应当努力自守，以求得自给自足。在这里所说的自守，是相对于欧美列强的对外侵略方式而言的。欧洲各国以侵略为手段为本国货物打通销路，推动本国经济的发展。这条道路并不适合小国，小国应当通过"学术精湛""经济富裕"使自己富强起来。

总之，这是一条以自由、民主制度为条件，以国家自强独立为目的，着眼于道义的和平发展路线。在政治家看来这是"发狂"，但是在兆民眼中，这才是"真正的升平之世"。

武力侵伐伦

豪杰君"好大喜功，喜欢冒险，不惜以贵重的生命为诱饵，是以钓取功名为乐事"的英雄豪杰。他身上所反映的是兆民作为"革命的鼓吹者"、革命的"策士"的性格特征。

1. "理"与"术"之别

豪杰君认为，天下的事情都是有"理"与"术"的区别的，在议论的场合发挥作用的是"理"，在实际领域里取得效果的是"术"。在政治上也有"政理"与"政术"之分。平等思想和经济学说是"政理"；变弱为强，变乱为治则是"政术"。豪杰君以"政术家"自认。他认为，洋学绅士的理论有三大致命的缺陷：（1）他们主倡的理论"不能付诸现实"。（2）不设军备将一切砝码压在不可确知的欧洲列强身上，这是一种寄希望于侥幸的无责任的心态。（3）生命是可贵的，当列强乘我撤除军备之时举兵来袭，我国不可能不做防卫，让人民拱手受死。

豪杰君认为从国际形势上看，欧洲各国大搞军备竞赛，一旦破裂，其祸患很可能延及亚洲。在日本的独立受到威胁的时候，国际公法不足作为小国避免国难的依赖。国际公法只是欧洲列强欺压弱小落后民族的"口实"，只是列强之间调节内部矛盾维持势力均衡的手段。落后的国家若把它作为"救命稻草"的话，只能是不切实际的空想。

2. 战争之不可避免

豪杰君认为无论人们对战争如何讨厌，但是战争终究不可避免。首先，从生物本性上讲，"喜胜厌败"是动物的本性。从国家角度上讲，战争是国家发展中不可避免的事情。从历史上看，文明国都是善战国。其次，从功利主义角度讲，任何人都希望避免痛苦，获得快乐。国家也有所乐，那就是在对外战争中的胜利。国家在追求现实利益的时候，必不可避免地要发动战争。战争是衡量一国文明程度的体温计。豪杰君着重从国家的层面来思考问题，却忽视了战争带给交战国双方人民的伤害。这也是"豪杰君"与"绅士君"对战争态度截然不同的根本原因。

3. 小国的武力侵伐之路

既然文明的程度是一国战争胜负的标准，那么小国又该怎样在这些文明国中立足呢？豪杰君认为除了通过对外侵略实现大国化和富强化之外别无他途。这种想法是基于以下三种认识而得出的判断。

其一，对世界形势的客观认识。豪杰君认为军备是维持国家独立的根本。凡是世界上的国家没有不重视军备的。小国由于领土和资源有限，想突然成为大国是不可能的。小国要想发展必须先发展军事，通过侵略他国，迅速攫取财富实现大国化、强国化。

其二，"时机"的战略理念。豪杰君认为"时机"在国际政治领域是非常重要的概念。日本邻近的大国中国的衰弱正是日本千载难逢的好时机，假使现在不占领她，等到她强盛起来，小国想"侵占以自富也不可能了"。所以，日本应当迅速抓住时机，割取中国的一半或三分之一，这样日本就可以迅速成为像俄、英一样的大国。

其三，对内政的考虑。豪杰君认为后进国在踏上文明之路时，国民中并存着两种水火不容的要素，即"怀旧要素"与"喜新要素"。喜新派尊重理论，鄙视武力，主张产业优先军备置后，喜欢研究道德法律、经济规律。而怀旧派不屑研究枯燥无味的理论，喜欢悲壮慷慨。豪杰君认为在国家向文明社会发展之时，"喜新要素"是"新生的筋肉"，而"怀旧要素"则是长在社会机体上的"癌肿"。发动对外侵伐战争，将恋旧分子赶上战场可以为国家消除"癌肿"。

总之，豪杰君所提出的对外征伐方策与洋学绅士设想的和平发展战略目的都是使小国日本走上文明之路，摆脱国家的危机。而不同的是洋学绅士"重民"，而豪杰君"重国"。"洋学绅士"重长远的、理想的目标，而豪杰君希望迅速获得利益。洋学绅士从理论上彻底贯彻了民主主义，为日本设计了一条不设军备的和平之路。豪杰君则基于"机"的理念，提出了侵略其他贫弱大国使日本迅速致富的强国之路。

现实主义外交论

南海先生"本性嗜酒，又好议论政治"。他的国际政治思想是建立在现实主义的基础上的，这一人物代表了兆民"实际家"的一面。在《三醉人经纶问答》一书的封面署的名字是中江笃介，而在第一页则写有"南海仙渔著"。从这一点上看，南海先生的观点似乎含有兆民的思想更多一些。

1. 南海先生的批判主义

南海先生对以上两位论客的观点持批判态度。他认为洋学绅士的理论太过理想化，缺乏实际的效验。豪杰君的策略是"瑰然而奇者"，是"古代俊杰之士"想一鸣惊人博取功名的方策。但是，如果没有"天子宰相独断专行"这一策略也是不可能实现的。这些都无益于现实问题的解决。南海先生的这种批判是建立在对"进化之理"的重新认识基础上而得出的。

南海先生认为人类进化之路是曲折的，各国有各国进化的特点，不同的时代进化也有不同的表现。因此不同的国家可以选择不同的实现民权的方式。南海先生主张在日本采用君主立宪制，这样上可伸张天皇的尊严与荣光，下可增加万民的福利。

2. 现实主义外交论

南海先生不同意洋学绅士和豪杰君对世界形势的认识。他认为正是因为洋学绅士和豪杰君对国际形势的过分担忧，导致了他们在外交上得了"神经病"。

南海先生认为欧洲各国列强不会轻易侵略日本。因为就普鲁士与法国来看，两国大规模的军备竞赛不会轻易挑起战端。英、俄在旁边坐山观虎斗，也牵制了普法双方的相互竞争。另外，国际公法也是处理国际争端的工具。从各国政治的施政程序上讲，发动一场战争也并非轻而易举。一国若要出兵，不仅该国的君主、宰相、百官要研究审查，议会要讨论，国民舆论也要对其施加影响。

南海先生主张日本应该采取防守的策略。他认为军队平时应当加紧训练、演习，养精蓄锐。当敌人万一来侵犯时，不仅将校兵卒同仇敌忾，奋勇杀敌，而且举国皆兵，竭力抵抗。他客，我主，他不义，我正义，应当有保国的希望。同时，与周边各国结成兄弟邻邦，以图危机时可以相互援助，而不能与邻国之间妄动干戈，使无辜民众死于枪弹之下。

南海先生认为外交政策是国家的大计，绝不可标新立异。在现今的形势下，外交的良策就是努力以和好为主，"只要不伤害国家威信，绝不耀武扬威"，"无论世界任何国家都要与之和好，万不得已时，也要严守防御的战略，避免远征的劳苦和费用，尽量减轻人民的负担"。

兆民在《论外交》（《东云新闻》1888 年 8 月 26 日，28 日）一文中进一步概括了小国日本的四种外交政策假设。（1）日俄结盟论。日本应当仿效"牵牛的黑人遭遇饿狮，放弃其牛而自助"，与俄国结盟，加入俄国南征军的前列，"与俄共图中国，以其余肉充实空腹"。（2）日英结盟论。英国海军实力位居世界首位。日本四面环海，正是英国海军施展拳脚的一个"好的演武场"。日本只有依赖英国才能够巩固日本独立的基础，才是国家的长久之计。（3）日德结盟论。俾斯麦掌权下的德国"武震天下"，日本应该与德国结盟。（4）日美结盟论。美国是重礼义的国家，日本与美国结盟才是"国家万世之长策"。对于上述结盟政策兆民并不赞同。兆民认为贫弱的国家依赖强国是极其错误的。依赖源于畏惧，因畏惧灭亡而依赖他国，必然招致"羞辱"，所以"不扫去依赖之一念，国家的独立就没有希望"。只有依靠自己国家的不懈努力，才能实现国富民强。

总之，兆民中期的国际政治思想是以政理上的和平外交论、政术上的武力征伐论、政俗上的现实主义外交论为表现的理想与现实相互交错的国际政治观。小国是兆民思考国际政治问题的重要出发点，无论是以"道义"为盾牌，还是以"征伐"为手段；无论是倡导"自由"，还是振兴学术都是围绕着小国日本独立的根本来展开的。也正是因为这一点注定了兆民的政治思想中充满了批判精神。普遍的"原则性"与"批判性"的相互交织构成了兆民中期国际政治思想的基本性格。

三、《一年有半》外交策，栖身国权多可哀

兆民后期的国际政治思想发生了很大程度的转变。造成这种转变的原因在于：（1）国内政治发展的困境。自由党、改进党先后与政府相提携，兆民非常失望。在万般无奈的情况下，他选择了借助武士豪杰的力量、利用帝国主义性质的组织这一暂时性的策略。（2）中日甲午战争激发了国内对外战争的热情。无论是从军事、国内舆论，还是政治制度上，已经一步一步将日本推上了对外侵略的战车。（3）在中期兆民已经将对外征伐作为一种外交路线提了出来，并且在现实中也显示了对大陆问题的关注。

"日本无外交"

兆民认为从日本的历史上看，日本对待列强的态度走了两个极端。明治维新以前患的是"侮外病"，过分轻视和蔑视外国人。"说他们信奉邪教来刺探情报；说他们具有特别的臭气，肮脏到了极点。"而在开放港口、互相通商之后，日本人又开始一切模仿外国，逐渐形成了懦弱的风气，最后患上了"恐外病"。不仅对待欧美列国，就是对朝鲜和中国也害怕得厉害。由于日本对欧美列强抱有"某种畏惧的心理"，致使日本的外交萎靡不振。兆民认为从根本上治好这种"恐外病"的方法是"阐明物质的美和道德的善这两者间的区别"，发展教育和文化。兆民认为物质与道德是有区别的。物质为次，理义为主。"外表的事物，终归是不能够战胜理义的。"发展教育和文化来提高民众的道德是解决"恐外病"的最重要的手段。但兆民也

很重视物质上的美好对治好恐外病的作用。物质上的美好有利于激发民众的爱国心。"普及科学，把科学大量应用到工业方面，制成精巧的物品"，使国人爱用国货，视本国商品为上等品，有利于培养民众的爱国心。而与之相反，把本国生产的商品都看作次等品，这自然会形成一种崇拜外国、轻视本国的心理。这种"崇外卑内是国家的大祸"，严重影响了日本的外交政策。

兆民认为西方列强所谓的外交"就是分割支那帝国，是欧洲强国过大的海陆军备的杀气的排泄，是白种人对黄种人人种属性嫌恶心的变现"。所谓外交就是"追随战舰的商船的侵入，是装扮成和平名义的攻略，是主张残酷的爱国心，是披着文明表皮的野蛮习气的暴露"。相对于以上欧美的外交，日本的外交是"大耻辱、大滑稽、大悲剧"。日本的外交是"无意义的音响，形式上的文字"，日本的外交是"无外交，是畏惧，是逡巡，是退让"。日本的外交如同"常常被邻居家的孩子欺负的手里拿着虫子的小孩"，陆海军如同"五月娃娃"。兆民把日本的外交称为"高襟外交"，也就是在文书往来等的礼仪上没有什么做得不好的地方，但是外交的"真手腕"却仍未开化，对于国际政治上的合纵连横的手段还没有掌握好。兆民认为日本外交的无作为，归根结底在于日本政治的不开明。官僚和政党都是由国民的租税豢养的动物，但是它们"不是虎而是鼠，不是狮子而是猫，是豺，是狼，是狐，是狸"。兆民认为，要实现日本的强势外交，就要改革内政，建立真正的政党政治，加强军备。

总之，兆民后期的国际政治思想明显地向对外征伐论转向。兆民认为无论是在军事实力，还是在科学技术上，日本已经优于中国和朝鲜，是"亚洲的盟主"，应该承担对亚洲的责任。但是，对于日本政府的外交策略，兆民持批判态度。兆民认为日本政府外交上不以道义为准则，只跟随欧美诸国，简直可以说是"无外交"。兆民反对帝国主义，认为"今日的帝国主义是纯正的黩武主义"。但是，兆民并不反对战争，他主张像古代的周武、殷汤、诸葛亮等人那样打以止戈为目的的战争。然而，兆民所谓的以"止戈为目的"的战争，毕竟是建立在损害朝鲜、中国等亚洲国家利益基础上的，本质上依然是侵略战争。这不能不说是兆民后期国际政治思想的局限性。

纵观兆民一生的国际政治思想，无论是早期的理想主义和平外交思想，中期的偏重于现实主义的系统外交思想，还是后期的以制止战争为目的的对外征战思想，都是围绕着内政与外交、国富与民强、理想与现实等诸多矛盾展开的。兆民的国际政治思想是以内政与外交相统一为基础的，以经济的发展、国家的独立为目的，以理义为基准的政治思想。

第13章

莫道前路无知己，天下万民会识君
——中江兆民思想的影响

中江兆民是一位学者，他挥舞一支如椽大笔，叱咤风云，"才学文章风靡于世"（石川半山语）。兆民的《民约译解》《三醉人经纶问答》《一年有半》等译著作一直被学界奉为经典。

荒井泰治认为兆民可以称之为"政治性的学者"。他是法国自由民权思想的导入者，一生以宣扬自由民权的理义为己任，被称之为"东洋之卢梭"。他所创办的法学塾是明治前期法国式民主主义思想的传播中心，也是自由民权运动的前沿阵地。但是，兆民绝不是不懂得"融通之利"的学究，他是一位实行家。他一生致力于将"陈旧的公理"转变为"新奇"的现实。

大石正巳认为兆民是彻头彻尾无私心、无私欲、爱国爱民的人，不能见国家陷入落后的"悲境"而不顾，见民众愚昧未开化而不管。然而，"君爱国忧世"，而"世不爱君不顾君，古今所谓爱国者往往如此不遇而终"。兆民虽死，他一生锲而不舍追求的主义却并没有消亡。他的思想影响了那个时代，甚至时至今日仍然具有强大的生命力。

一、兆民虽死精神在，弟子立志承衣钵

兆民的思想影响极广，仅法学塾的学生就有两千余人。其中比较有名的有参加过 1891 年共产国际布鲁塞尔大会，并将这一通讯最早传入日本的酒井雄三郎；信州出身的民权家、后来加入了黑龙会的小山久之助，与兆民一起编译《佛和辞林》的野村泰亨等。其中，幸德秋水可以说是众多弟子中与兆民关系最密切的人。秋水与兆民相差二十四岁。兆民是在日本资本主义成长期活跃的自由民权运动的理论家，而秋水则是在日本资本主义确立，并向帝国主义转化期活跃的帝国主义批判者、社会主义者。两人关注的具体课题并不相同，但是两人的思想之间存在着密切的传承关系。秋水并没有继承兆民的全部思想，他将兆民的思想发展成了社会主义思想。日本社会主义思想和运动形成的初期主要分为两个系谱，一个是从自由民权运动中产生的，一个是受基督教影响而产生的。前者的代表是堺利彦和幸德秋水，后者的代表是安部矶雄。

二、兆民精神传中土，学问自有慧眼识

兆民思想的价值不仅仅是日本的，还是世界的。早在 20 世纪初期，中国的一部分进步青年就开始关注兆民的作品，他们将兆民的许多作品翻译成中文，传播到中国，对中国近代社会的发展产生了重要的影响。中国的兆民研究大体可以分为以下两个阶段：

翻译和介绍的阶段

中日甲午战争中大清帝国被新兴资本主义国家日本打败，

使国人震惊不已。就如梁启超所说："华夏四千年大梦之唤醒，实自甲午战败。"当时进步的知识分子开始积极地思考改革国家的良方、寻求强国之路。一方面，他们从中国传统文化中探索变革维新的根据和动力；另一方面，他们尝试从西方国家的政治思想中汲取经验。当时翻译了一批有关西方民主制度和民主主义思想的著作，也包括卢梭的《民约论》。从中国国家图书馆保存的资料来看，1902 年翻译出版了两本兆民的作品。一本是由曾在日本留学的杨廷栋翻译、由上海新作社出版的《路索民约论》，另一本是陈鹏翻译的、上海广智书局出版的《理学钩玄》。

对于中国人来讲，兆民翻译的《民约译解》可以说是一本了解民主主义的入门书。也正因此，它受到了中国人的喜爱，在近代中国社会广为流传。黄兴、邹容等进步青年，梁启超等维新志士都阅读过这本书，对他们探索近代中国的出路起了很大作用。也正因如此，复旦大学的邹振环把《民约译解》列入影响中国近代社会的一百本翻译书。相比《理学钩玄》，《民约译解》在中国的影响更大。对于当时的中国社会，纯粹的哲学还没有唤起中国人像对待西方民主主义那样的关心，《民约译解》宣传的自由民主理念引起了追求国家独立与发展的中国青年的共鸣。

总之，在当时的中国还没有开始真正的兆民研究，毋宁说中江兆民是作为向中国人介绍西方民主主义的桥梁而广为人知的。

真正研究的阶段

近代以来中国国内因为长期战乱、动乱，人文研究的社会环境非常恶劣。直到 1976 年"文革"结束后，中国进入了一个新的历史发展时期。改革开放政策使中国不仅经济迅速发展，在思想文化方面也取得了许多令人瞩目的成就。1979年兆民的著作《一年有半》《续一年有半》由吴藻溪翻译成中文，并由商务印书馆出版。以这本译著为契机，中国学界迎来了一次兆民研究的热潮。这一时期，中国学界主要关心的是兆民的唯物论哲学，许多中国学者对兆民的认识论、历史哲学以及兆民哲学在日本哲学史上的地位作了深入的探讨。在1981年兆民逝世80周年之际，为了缅怀兆民的功绩，中华全国日本哲学会与河北大学联合举办了一场"纪念中江兆民逝世80周年研讨会"。与会者一致认为兆民的哲学思想在日本近代哲学史乃至东方哲学史上都具有不可替代的重要地位。

20世纪90年代以来，中国的兆民研究得到了迅速的发展。1990年滕颖将《三醉人经纶问答》翻译成中文，并由商务印书馆出版发行。该书再次在中国掀起了兆民研究的热潮。这一时期，在日本已经出现了许多兆民研究的权威资料和著述，如《中江兆民全集》、林茂编的《中江兆民集》以及桑原武夫编的《中江兆民研究》、松永昌三著的《中江兆民》和《中江兆民评传》、井田进也著的《中江兆民与法国》等。其中的一部分成果引起了中国学者的关注，对于提高中国学者的兆民研究水平发挥了重要作用。这一时期值得关注的是，除了兆民的哲学思想研究之外，兆民的自由民权思想、国际政治思想以及兆民与中国文化的关联方面的研究也取得了重大进展，出现了许多重要的研究成果，如王家骅的《中江兆民的自由民权思想与儒学》、徐水生的《中江兆民与中国古代哲学》、唐永亮的《中江兆民的国际政治思想——日本近代小国外交思想的源流》等。

总之，兆民在日本近代史上是一个极为重要的人物。他的思想和言论对日本近代社会产生了重要的影响。对他的政治思想、经济思想、外交思想和哲学思想的研究，对于我们认识近代日本的发展，以及当前和今后日本的国家发展路线具有重要的参考意义。然而可惜的是，无论是在日本还是在中国，对兆民思想的研究仍然重视不足，还有许多课题有待于我们今后去进一步深入探索和研究。

附 录

年 谱

1847 年 12 月 8 日（弘化四年十一月一日） 中江兆民出生于土佐国高知城下。父亲为土佐藩他支配足轻中江元助，母亲柳。中江兆民为家中长子，幼名竹马，长大后名笃助、笃介。

1861 年（文久元年） 父亲元助去世。中江兆民继任家督。

1862 年（文久二年） 中江兆民进入藩校文武馆学习。

1865 年（庆应元年） 在细川润次郎的推荐下被派遣到长崎学习英学，在长崎跟随平井义十郎学习法兰西学。

1866 年（庆应二年） 在后藤象二郎的资助下，来到江户，在村上英俊开办的达理堂学习。

1867 年（庆应三年） 跟随横滨天主教神父学习法语。神户开港时，作为翻译随同法国公使罗什和领事雷克前往神户、大阪和京都。

1868 年（明治元年） 被正式允许使用中江的姓氏。

1869 年（明治二年） 担任福地源一郎开办的私塾日新社的塾长，教授法兰西学。

1870 年（明治三年） 成为大学南校的大得业生，在学校中教授法语。

1871 年（明治四年） 作为司法省派出人员赴法国留学。

1872 年（明治五年） 经旧金山、纽约，十月到达法国里昂。

1873 年（明治六年） 来到巴黎，与西园寺公望、光妙寺三郎、今村和郎、福田乾一等人结识。

1874 年（明治七年） 兆民从法国回到日本。开办法兰西学舍（后改称法学塾）。

1875 年（明治八年） 就任东京外国语学校校长，但不久辞职。进入元老院，被任命为权少书记官。

1876年（明治九年） 兼任国宪取调局工作人员，负责国宪草案的调查起草工作。

1877年（明治十年） 辞去了在元老院中的职务。

1878年（明治十一年） 先后在高谷龙渊的济美黉、冈松瓮谷的绍成书院学习汉学。

1880年（明治十三年） 据说中江兆民参加了12月12日在筑地寿美屋召开的自由党成立大会。

1881年（明治十四年） 《东洋自由新闻》创刊，中江兆民任该刊主笔，社长为西园寺公望。

1882年（明治十五年） 2月20日法学塾办的杂志《政理丛谈》创刊。6月25日自由党机关报《自由新闻》创刊，中江兆民被邀请做社论版的负责人。

1883年（明治十六年） 6月"政书出版会社"和"东洋著译出版会社"合并，设立"日本出版会社"，中江兆民出任社长。

1884年（明治十七年） 8月10日出席了有一馆的开馆仪式。参加了西村茂树组织的"日本讲道会"。

1885年（明治十八年） 据说参与了设立善邻馆的计划，是善邻馆设立趣意书的执笔者。

1886年（明治十九年） 法学塾停办。

1887年（明治二十年） 开始以"兆民"为号。成为星亨担任社长的《公论新报》的客座评论员。12月2日为后藤象二郎代笔，写了上奏给天皇的关于三大事件的意见书。12月25日保安条例公布，被列入被驱逐的名单之中。

1888年（明治二十一年） 1月15日《东云新闻》创刊，成为该刊主笔。2月发表社论《新民世界》，提出部落民问题。11月幸德秋水在横田金马的介绍下成为兆民的书童。

1889年（明治二十二年） 东京驱逐令解除，兆民回到大阪。8月14日长男丑吉在大阪出生。同月20日兆民参加了在浅草鸥游馆召开的全国有志者大恳亲会。10月5日举家从大阪迁往东京。

1890年（明治二十三年） 1月自由党的结成仪式在江东中村楼举行，中

150

江兆民等人受会议委托起草纲领和党章。议会选举中江兆民为众议院议员。10月20日《自由新闻》创刊，担任主笔。

1891年（明治二十四年） 1月1日《立宪自由新闻》创刊，担任该刊主笔。2月以酒精中毒为借口向众议院议长中岛信行提出辞呈。3月1日《自由平等经纶》杂志创刊，担任主笔。4月《北门新报》创刊，被聘为该刊主笔。

1892年（明治二十五年） 移居札幌。开办纸张批发店。年末从北海道回到东京。

1895年（明治二十八年） 专门从事实业活动。

1896年（明治二十九年） 出席了在谷中天王寺畔召开的马场辰猪8周年纪念活动。

1897年（明治三十年） 5月成立中央清洁会社，作为发起人中江兆民就任该公司常务董事。12月22日创立国民党。

1898年（明治三十一年） 1月15日国民党的机关刊物《百零一》创刊。10月吾妻铁道株式会社创立，就任董事。

1900年（明治三十三年） 10月兆民担任《每夕新闻》主笔。11月感觉喉部异常。12月16日出席国民同盟会水户大会，成为国民同盟会中央大会的筹备委员。

1901年（明治三十四年） 3月辞去《每夕新闻》主笔。参加了在长野市千岁座召开的国民同盟会的中国保全演说会和恳亲会。4月忽感咽喉疼痛、呼吸困难，后确诊为癌症。12月初出现大量出血。12月13日下午7时30分在小石川区武岛町的家中去世。

主要著作

1. 1874年，《策论》。
2. 1882年，《民约译解》在《政理丛谈》杂志上连载。
3. 1883年，《非开化论》（上册），《维氏美学》（上册）。
4. 1884年，《维氏美学》（下册）。
5. 1886年，《理学沿革史》《理学钩玄》《革命前法兰西二世纪事》。

6. 1887 年,《民主国的道德》在《欧美政典集志》上连载,《三醉人经纶问答》《平民的觉醒》。

7. 1888 年,《国会论》。

8. 1890 年,《选举人之觉醒》。

9. 1892 年,《四民的觉醒》。

10. 1894 年,《道德学大原论》。